Culinária de Todas as Cores

200 Receitas
Incrementadas e Econômicas

Culinária de Todas as Cores

200 Receitas
Incrementadas e Econômicas

Sunil Vijayakar

PUBLIFOLHA

Publicado originalmente na Grã-Bretanha, em 2008, sob o título
Hamlyn All Colour Cookbook 200 Budget Meals, pela Hamlyn, uma divisão da Octopus Publishing Group LTD
Endeavour House, 189 Shaftsbury Avenue, Londres WC2H 8JY

COORDENAÇÃO DO PROJETO: PUBLIFOLHA
Editora assistente: Fabiana Medina
Coordenadora de produção gráfica: Mariana Metidieri
Produtora gráfica: Samantha Monteiro

PRODUÇÃO EDITORIAL: CLIM EDITORIAL
Tradução: Janaína Marcoantonio
Preparação de texto: Vera Regina Maselli
Revisão: Antonio Mello, Frank de Oliveira
Editoração eletrônica: Antonio Cabral Junior

Dados Internacionais de Catalogação na Publicação (CIP)
(Câmara Brasileira do Livro, SP, Brasil)

Sunil Vijayakar
200 receitas incrementadas e econômicas / Hamlyn ; [tradução Janaína Marcoantonio]. – São Paulo :Publifolha, 2013. – (Coleção culinária de todas as cores)

Título original: All colour cookbook : 200 budget meals.
ISBN: 978-85-7914-431-8

1. Culinária (Receitas) I. Hamlyn. II. Série.

13-01608 CDD-641.5

Índices para catálogo sistemático:
1. Receitas : Culinária : Economia doméstica 641.5

Este livro segue as regras do Acordo Ortográfico da Língua Portuguesa (1990), em vigor desde 1º de janeiro de 2009.

Impresso na China.

PUBLIFOLHA
Divisão de Publicações do Grupo Folha
Al. Barão de Limeira, 401, 6º andar
CEP 01202-900, São Paulo, SP
Tel.: (11) 3224.2186/ 2187/ 2197
www.publifolha.com.br

Nota do editor

Apesar de todos os cuidados tomados na elaboração das receitas deste livro, a editora original não se responsabiliza por erros ou omissões decorrentes da preparação dos pratos.
Pessoas com restrições alimentares, grávidas e lactantes devem consultar um médico especialista sobre os ingredientes de cada receita antes de prepará-la.
As fotos deste livro podem conter acompanhamentos ou ingredientes meramente ilustrativos.
O forno deve ser preaquecido na temperatura indicada na receita.

sumário

introdução

introdução

Ficar de olho nos gastos não significa se privar de comidas deliciosas. Estas receitas foram criadas para pessoas ocupadas que querem refeições saborosas, preparadas com ingredientes de qualidade que cabem no orçamento. Há de tudo: de petiscos e entradas simples a pratos com vegetais e saladas saudáveis, almoços e jantares fartos e sobremesas maravilhosas. Portanto, se a ideia é não gastar demais, aqui você encontrará boas opções.

pratos incríveis que cabem no orçamento

O segredo para criar refeições deliciosas está na seleção dos ingredientes. Se

escolher os de boa qualidade, será difícil algo dar errado. E qualidade nem sempre precisa significar despesa extra. Sabendo onde e o que procurar, é fácil acertar nas compras sem gastar muito. Então, qual é o segredo?

gaste mais para usar menos

Às vezes, vale a pena investir em um ingrediente mais caro porque, no final, você usará menos. Um parmesão italiano ou um camembert saboroso, por exemplo, podem ser mais caros do que um pedaço de queijo suave processado, mas têm sabor tão intenso que uma pequena quantidade já faz a diferença em um molho, por exemplo. Isso também se aplica a especiarias e molhos exóticos.

saiba escolher: carnes e aves

Esses ingredientes tendem a aumentar o custo da refeição, mas uma compra inteligente pode significar pratos incrementados que não extrapolam o orçamento. Quando se trata do binômio economia e rapidez, carne picada ou moída constitui sempre uma ótima escolha, porque é versátil e perfeita para almôndegas, espetinhos, molhos, curries e guisados, para citar algumas opções. Mas há outros cortes baratos que também são bons. A carne de porco não é cara, e o pernil é uma boa

escolha (pedaços de pernil desossado são vendidos nos supermercados; em casa, corte-os conforme a receita: em filés, escalopes, cubos ou tiras); mesmo os melhores cortes, como o lombo ou o filé--mignon suíno, podem se tornar econômicos, dependendo do prato que decidir preparar. Por exemplo, se fatiá-los em tirinhas e refogá-los com vegetais, terá uma refeição inesquecível, com carne deliciosa, por um custo baixo e com menos propensão ao desperdício.

Tanto as aves quanto as carnes podem "render mais" quando acompanhadas de outros ingredientes mais baratos, como arroz, feijão e massas, como no Talharim de arroz com frango (p. 144) e na Caçarola rápida de linguiça e feijão (p. 146). Uma alternativa é comprar porções mais baratas, como coxas e sobrecoxas em grande quantidade, e congelar o excedente para usar depois — elas podem ser utilizadas para preparar pratos deliciosos, como o Curry de frango (p. 132) e o Frango tandoori (p. 156).

saiba escolher: peixes e frutos do mar

Assim como as carnes e as aves, esses ingredientes podem ser caros. Por isso, esteja preparado para comprar o que tiver bom aspecto e bom preço na peixaria ou no supermercado. Peixes e frutos do mar devem ser consumidos no dia em que são comprados e estar em excelente estado; por isso, procure peixes frescos com escamas lustrosas, olhos brilhantes e consistência firme. Entre os tipos que têm uma boa relação entre custo e qualidade estão o salmão, a sardinha e a cavala. Embora alguns moluscos e frutos do mar sejam caros, como a lagosta e o caranguejo, outros, como os mexilhões e as lulas, são relativamente baratos e rápidos de preparar.

compre alimentos da estação

Prefira frutas e vegetais frescos da estação, pois é quando estão em seu auge: maduros, apetitosos e suculentos. Além disso, estão disponíveis em abundância, o que contribui para melhorar o preço. Ingredientes fora da estação costumam ser menos saborosos e quase sempre mais caros. Muitas vezes, foram trazidos de lugares distantes, o que também aumenta seu custo. Em geral, quanto mais fresco e menos transportado, melhor ele será. Comprar alimentos cultivados na região é uma boa maneira de garantir que sejam frescos.

Independentemente de adquirir produtos da estação ou importados, verifique antes se estão em bom estado. Se frutas parecerem murchas, é porque já passaram do ponto. Escolha as mais frescas e de aparência mais firme. As verduras devem estar tenras e ter cor intensa. Não se preocupe se o legume não é redondo e uniforme, mas verifique se não está machucado, mole ou murcho.

prefira cestas de frutas e/ou hortaliças

Uma das maneiras mais fáceis de obter frutas e/ou hortaliças saudáveis e de boa qualidade — e sem precisar gastar dinheiro com transporte — é usar um programa de entrega de cestas. Procure um na sua região para ter produtos da estação entregues em sua porta. Eles oferecem uma ampla seleção de itens, e, como tudo é cultivado localmente, você conseguirá ingredientes de qualidade por um bom preço.

selecione produtos de marca própria

Uma vez que o preço alto pode não ter relação com a qualidade, mas, sim, com a marca que o item ostenta, produtos mais baratos, vendidos sob a marca do supermercado, podem ser tão bons ou melhores quanto os de marcas conhecidas. Pesquise em vários locais e decida quando vale a pena gastar mais e quando a opção mais econômica traz o mesmo resultado.

abastecendo a despensa

Uma despensa bem abastecida é essencial para qualquer cozinha, mas, quando o objetivo é preparar refeições econômicas, ela se torna ainda mais importante. Afinal, você não quer começar a cozinhar e, ao perceber que falta um ingrediente essencial, precisar correr para o mercado mais próximo e possivelmente mais caro, o que lhe custará dinheiro e tempo extra. Além disso, tendo uma boa despensa, é possível aproveitar as ofertas do supermercado e economizar. Muitos ingredientes estocados em casa também são fundamentalmente econômicos — massas, arroz e grãos são baratos e ótimos para alimentar famílias grandes. Ingredientes como atum e sardinha em lata podem ser mais baratos que os frescos, com a vantagem de terem prazo de validade longo, o que significa menos restrições quanto ao momento de usá-los. Vegetais enlatados como tomates e milho-verde também são baratos e valiosíssimos para preparar uma refeição econômica rapidamente.

escolha os essenciais

Certifique-se de ter uma ampla variedade de carboidratos para servir com as refeições. Massas (tanto as variedades longas quanto as curtas), arroz e feijão são boas escolhas, porque duram bastante e se mostram versáteis. Experimente-os em pratos como o Kedgeree com mix de feijões (p. 114), o Fusilli ao forno (p. 118), o Espaguete à marguerita (p. 110) ou o Frango ao molho teriyaki (p. 152). Ingredientes em conserva constituem itens fundamentais na despensa, e, além dos vegetais mencionados, leguminosas (feijões, ervilha, grão-de-bico, lentilha), atum, leite de coco e frutas enlatadas, como pêssego e abacaxi, são boas aquisições. Outros alimentos necessários são farinha de trigo e variedades de açúcar (refinado, mascavo, de confeiteiro). Da mesma forma, não é possível dispensar os temperos como sal e pimenta-do-reino, ervas secas, especiarias, azeite, óleo vegetal (de soja, girassol, canola ou milho) e condimentos como mostarda, ketchup e molho de soja.

preste atenção nas compras em quantidade

A maioria dos supermercados tem ofertas todas as semanas para compras em quantidade, que podem significar economia. Mas pense bem antes de empilhar essas pechinchas em seu carrinho: você conseguirá usar tudo o que está comprando? Se não, desperdiçará comida e dinheiro, e a compra não terá sido tão vantajosa quanto parecia. Uma lata gigante de ervilhas não é uma pechincha se você for usar só metade dela, mas talvez valha a pena comprar três latas de tomates pelados pelo preço de duas, pois poderão ser guardadas na despensa para um prato especial.

preste atenção no preço

Muitas vezes, comprar em grande quantidade

é mais barato, e a maioria dos supermercados mostra não só o preço do pacote como também o da unidade, para que você possa saber se o que está comprando é uma pechincha por grama ou por quilo. Para ingredientes usados com frequência, é mais econômico comprar embalagens grandes.

preste atenção no prazo de validade

Alguns ingredientes não perecíveis, como ervas secas e temperos moídos, também têm prazo de validade curto e perdem o sabor depois de um tempo. Portanto, é melhor comprá-los em quantidades menores. Da mesma maneira, nozes e óleos podem ficar rançosos e por isso é bom adquiri-los em quantidades que possam ser utilizadas antes da data de vencimento.

as maravilhas do freezer

O freezer doméstico é um aliado no preparo de refeições econômicas e auxilia na administração do tempo. Você pode adquirir pratos e ingredientes congelados industrializados para guardar no freezer, ou preparar as suas próprias opções para congelar. Frutas e verduras podem ser armazenadas ao natural ou utilizadas em sopas, molhos, cozidos ou sobremesas.

Como os produtos congelados têm um prazo de validade longo, é possível comprá-los em quantidade – o que, muitas vezes, sai mais barato. Adquira embalagens grandes de vegetais ou camarões, por exemplo, e use um punhado deles, quando necessário, no preparo de um prato. No entanto, os alimentos não podem ser congelados por tempo indefinido, e a maioria deve ser usada em três meses, por isso não compre mais do que acha que vai consumir. Ao congelar seus alimentos, coloque etiquetas com a data do procedimento.

escolha ingredientes de qualidade

Alguns ingredientes, como ervilhas e milho-verde, muitas vezes são mais nutritivos congelados do que frescos. Os açúcares naturais nesses vegetais tendem a se transformar em amido ao serem colhidos, e, a não ser que tenha certeza da data em que isso aconteceu, você normalmente obterá ingredientes de melhor qualidade comprando-os congelados, porque são processados logo após a colheita.

economize tempo e dinheiro

Como a maioria dos ingredientes — frutas, verduras, carnes, aves e peixes — passa por algum preparo antes de ser congelada, você pode economizar tempo na cozinha. Embora seja essencial se programar para descongelá-los, sem dúvida isso é mais prático do que pré-preparos complexos, como destrinchar um frango inteiro. Também vale a pena manter uma reserva de itens especiais no freezer; assim, em questão de minutos você pode sofisticar pratos, tornando-os mais saborosos e econômicos do que os equivalentes comprados prontos. Caldo fresco, por exemplo, é perfeito para sopas e risotos caseiros, como a Sopa de risoni e tomate (p. 32) e o Risoto de cenoura, ervilha e fava (p. 104). As massas congeladas para tortas — tanto folhada quanto podre — podem ser usadas para criar delícias como a Tortinha folhada de banana (p. 218), a Tortinha de pêssego (p. 204) e a Tortinha de morango e mirtilo (p. 234).

cultive seus próprios alimentos

Se você cultiva suas próprias frutas e vegetais, pode acabar com um excesso de produtos. Em vez de descartá-los, crie compotas e conservas, como deliciosos chutneys e relish de pepino, os quais transformam hambúrgueres e assados em verdadeiros pratos gourmet.

dicas

Ao longo deste livro, você encontra dicas sobre determinados ingredientes que, por serem menos usuais, nem sempre são explorados. Itens como a mostarda de Dijon e os molhos orientais parecem caros, mas rendem bastante e incrementam qualquer receita. Queijos nacionais têm qualidade similar aos importados e são mais em conta. Visite o mercado municipal da sua cidade e procure atacados cerealistas, empórios e lojinhas étnicas que comercializam produtos que ampliam seu repertório gastronômico e, principalmente, seu paladar. Pesquisando em sites especializados e blogs de culinária, é possível também descobrir muitas novidades e ofertas.

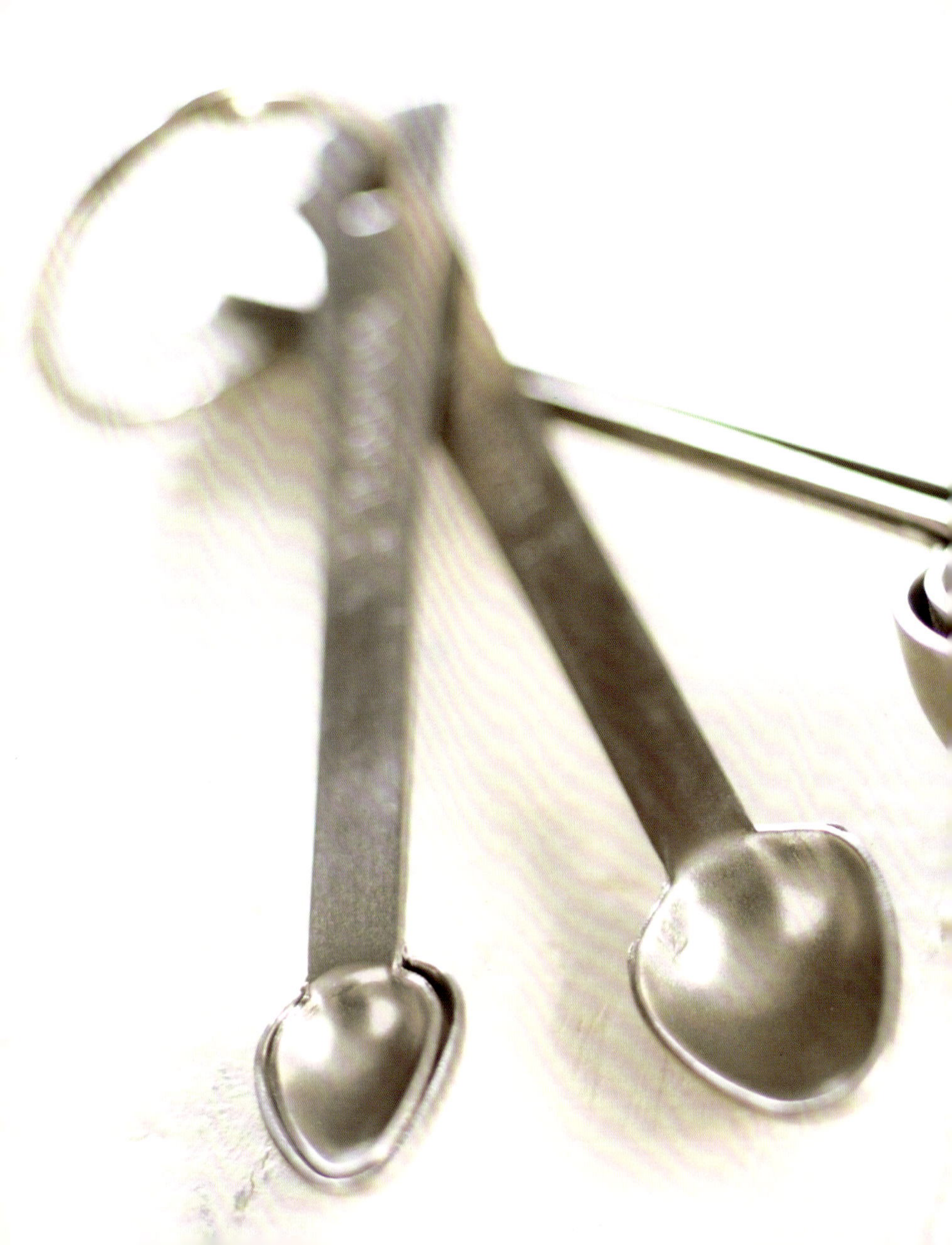

entradas e petiscos

fondue prática de camembert

4 porções
Preparo: **10 minutos**
Cozimento: **5-10 minutos**

1 **camembert*** inteiro de 250 g
2 colheres (sopa) de **azeite**
folhas de alecrim
pão italiano
50 g de **nozes** torradas e picadas grosseiramente
2 colheres (sopa) de **mel**

* Use queijos de marca nacional "tipo" camembert ou brie, não tão dispendiosos quantos os originais, mas que podem substituí-los perfeitamente.

Coloque o camembert em uma travessa refratária. Faça alguns cortes na superfície, regue com o azeite e espalhe as folhas de alecrim.

Cubra com papel-alumínio, leve ao forno preaquecido em temperatura média-alta (200°C) e asse por 5-10 minutos, até começar a amolecer.

Corte o pão em pedaços grandes e toste um pouco, até dourar.

Espalhe as nozes sobre o camembert, regue com o mel e sirva imediatamente com os pedaços de pão torrado.

Variação: fondue prática de brie e avelã. Substitua o camembert por um brie de 250 g e as nozes por 50 g de avelã torrada e picada.

tortinha de tomate e muçarela

6 porções
Preparo: **20 minutos**
Cozimento: **20 minutos**

250 g de **massa folhada** previamente descongelada
3 colheres (sopa) de **extrato de tomate**
3 **tomates** sem sementes e picados grosseiramente
125 g de **muçarela** cortada em cubos irregulares
8 **azeitonas pretas** picadas grosseiramente
1 **dente de alho** picado bem fininho
2 colheres (sopa) de **orégano** picado grosseiramente
1 colher (sopa) de **pinhole*** ou outra oleaginosa de sua preferência
azeite, para regar
sal e **pimenta-do-reino** moída na hora

* Procure comprar em grandes atacados cerealistas, onde pode custar menos.

Forre uma assadeira grande com papel-manteiga.

Abra a massa em uma superfície enfarinhada, até ficar com 2,5 mm de espessura. Use um cortador de 12 cm de diâmetro para recortar seis círculos e coloque-os na assadeira preparada.

Unte cada círculo com ½ colher (sopa) de extrato de tomate. Misture os tomates, a muçarela, as azeitonas pretas, o alho, o orégano e os pinholes e tempere bem com sal e pimenta-do-reino. Divida a mistura entre os círculos de massa.

Despeje um pouco de azeite sobre as tortinhas, leve-as ao forno preaquecido em temperatura média-alta (200°C) e asse por 20 minutos, ou até dourarem. Sirva imediatamente com salada de folhas mistas.

Variação: tortinha de tomate e aliche. Siga a primeira etapa da receita e espalhe 1 colher (sopa) de pesto sobre cada círculo de massa, em vez do extrato de tomate. Misture os tomates, as azeitonas e o alho, como indicado acima, com 50 g de filé de aliche em conserva escorrido e picado, 50 g de pimentão vermelho assado, em conserva, escorrido e picado e 2 colheres (sopa) de manjericão. Tempere com sal e pimenta-do-reino. Distribua sobre os círculos de massa, regue com azeite e asse como indicado acima.

suflê de queijo e cebolinha-francesa

4 porções
Preparo: **10 minutos**
Cozimento: **20-25 minutos**

25 g de **manteiga sem sal**
2 colheres (sopa) de **farinha de trigo**
250 ml de **leite**
100 g de **ricota**
3 **ovos**, claras e gemas separadas
2 colheres (sopa) de **cebolinha-francesa** picada
sal e **pimenta-do-reino** moída na hora

Derreta a manteiga em uma panela, acrescente a farinha e cozinhe em fogo baixo, mexendo por 30 segundos. Tire a panela do fogo e, aos poucos, incorpore o leite, até ficar cremoso. Recoloque a panela no fogo e mantenha, mexendo sempre, até a mistura engrossar. Apure por 1 minuto.

Deixe esfriar um pouco. Bata a ricota, as gemas, a cebolinha-francesa e tempere com sal e pimenta-do--reino a gosto.

Bata as claras em neve e incorpore, com cuidado, ao creme de ricota. Distribua a mistura em quatro ramequins, previamente untados, e coloque em uma assadeira. Leve ao forno preaquecido em temperatura média-alta (200°C) e asse por 15-18 minutos, até crescer e dourar. Sirva imediatamente.

Variação: suflê de cheddar e pimenta-malagueta. Substitua a ricota por 100 g de cheddar curado ralado e a cebolinha-francesa por 2 colheres (sopa) de folhas de coentro picadas bem fininhas. Acrescente à mistura 2 pimentas-malaguetas sem sementes e picadas.

bolinho de batata e bacon

4 porções
Preparo: **15 minutos**, mais o tempo para resfriar
Cozimento: cerca de **45 minutos**

1 kg de **batata** cortada em pedaços
óleo vegetal, para fritar
6 **cebolinhas** cortadas em rodelas (só a parte branca)
200 g de **bacon** cortado em cubinhos
2 colheres (sopa) de **salsa** picada
farinha de trigo, para empanar
25 g de **manteiga**
sal e **pimenta-do-reino** moída na hora

Para o molho
200 ml de **creme de leite fresco**
2 colheres (sopa) de **manjericão** picado
2 colheres (sopa) de **tomate** picado

Cozinhe as batatas por 15-20 minutos, em uma panela grande com água fervente e sal, até amolecerem. Escorra bem, recoloque na panela e amasse.

Aqueça um pouco de óleo em uma frigideira, despeje as cebolinhas e refogue por 2-3 minutos; acrescente o bacon, refogue até dourar e junte às batatas amassadas, com a salsa. Tempere bem com sal e pimenta-do-reino. Com essa massa, modele oito bolinhos, cubra-os e leve à geladeira.

Passe os bolinhos pela farinha. Derreta a manteiga em uma frigideira e frite-os em fogo médio, por 4-5 minutos de cada lado, até ficarem dourados.

Misture o creme de leite com o manjericão e os tomates e tempere com sal e pimenta-do-reino, para preparar o molho. Sirva os bolinhos ainda quentes com o molho.

Variação: bolinho de salmão com molho de cogumelo e sour cream. Substitua o bacon por 200 g de salmão em lata. Escorra e desfie o peixe e misture com a batata amassada. Modele bolinhos e frite como indicado acima. Enquanto isso, derreta 25 g de manteiga em uma panela, acrescente 100 g de cogumelo-de-paris fresco fatiado e refogue por 1 minuto. Misture 200 ml de sour cream (se não encontrar o pronto, misture creme de leite fresco com gotas de limão) e ¼ de colher (chá) de páprica. Tempere com sal e pimenta-do-reino a gosto e sirva com os bolinhos.

rolinho de berinjela e tomate

4 porções
Preparo: **15 minutos**
Cozimento: cerca de **6 minutos**

2 **berinjelas**
3 colheres (sopa) de **azeite**
125 g de **muçarela de búfala** cortada em cubos irregulares ou queijo minas de consistência firme
12 **tomates secos** em conserva escorridos
15-20 **folhas de manjericão**
sal e **pimenta-do-reino** moída na hora

Remova as pontas das berinjelas e então corte uma fatia fina de ambos os lados de cada uma, no sentido do comprimento; descarte essas fatias, que praticamente só têm casca. Corte cada berinjela em quatro fatias compridas.

Preaqueça em temperatura máxima uma frigideira canelada (tipo grill) ou uma chapa de fogão.

Pincele por igual as fatias de berinjela com azeite e leve para grelhar por 3 minutos de cada lado, ou até ficarem macias e douradas.

Coloque as fatias de berinjela em uma tábua e distribua sobre elas a muçarela, os tomates secos e as folhas de manjericão. Tempere com sal e pimenta-do-reino. Enrole cada fatia, começando pela extremidade mais fina, e prenda com um palito. Acomode em uma travessa e sirva imediatamente, ou cubra e reserve em lugar fresco, mas não na geladeira, e sirva em temperatura ambiente.

Variação: rolinho de abobrinha e muçarela. Use 3-4 abobrinhas grandes. Remova as pontas e as laterais, como indicado para as berinjelas. Corte cada abobrinha no sentido do comprimento em 3-4 fatias, dependendo da espessura; pincele com azeite e leve para grelhar, como as berinjelas, até ficarem macias e douradas. Cubra as fatias de abobrinha com sardela e finalize com 125 g de muçarela em cubinhos e folhas de manjericão. Enrole e sirva como descrito acima.

pasta de feijão com chips de tortilha

4 porções
Preparo: **10 minutos**, mais o tempo de descanso

500 g de **feijões** variados cozidos e escorridos
3 **tomates** picados
1 **pimentão vermelho** sem miolo, sem sementes e picado em cubinhos
6 **cebolinhas** cortadas em rodelas (só a parte branca)
1 colher (chá) de **pimenta-malagueta** picada bem fina
2 colheres (sopa) de **azeite**
1 colher (sopa) de **vinagre de vinho branco**
coentro picado, para decorar
sal e **pimenta-do-reino** moída na hora
chips de tortilha e **sour cream***, para servir

* Já disponível industrializado, mas, caso não encontre, pode ser preparado com creme de leite e gotas de limão.

Bata os feijões, os tomates, o pimentão vermelho e as cebolinhas, até formar uma pasta.

Junte, em uma tigela, a pimenta-malagueta, o azeite e o vinagre; acrescente a pasta de feijão e misture.

Tempere com sal e pimenta-do-reino a gosto e decore com coentro. Cubra e deixe descansar em temperatura ambiente por cerca de 30 minutos, para realçar os sabores.

Sirva a pasta com chips de tortilha e sour cream.

Variação: pilaf com pasta de feijão. Pode ser servido como entrada ou acompanhamento. Coloque 2 xícaras de arroz em uma panela, cubra com 2 ½ xícaras de água e deixe ferver. Abaixe o fogo, tampe e mantenha por 12 minutos. Tire do fogo, acrescente à pasta de feijão (ver acima) e misture 3 colheres (sopa) de folhas de coentro picadas. Tampe novamente e recoloque no fogo mínimo por 5 minutos. Sirva quente.

quesadilla de cebola e cogumelo

4 porções
Preparo: **10 minutos**
Cozimento: cerca de **30 minutos**

- 3 colheres (sopa) de **azeite**
- 2 **cebolas** cortadas em rodelas bem finas
- 1 colher (chá) de **açúcar**
- 8 **tortilhas de farinha de trigo**
- 200 g de **cogumelo-de-paris**
- 150 g de **cheddar curado** ralado
- um punhado de **salsa** picada
- **sal** e **pimenta-do-reino** moída na hora

Aqueça, em uma frigideira grande, 2 colheres (sopa) de azeite, adicione as cebolas e refogue, até amolecerem. Acrescente o açúcar e deixe por 3 minutos, ou até caramelizarem. Retire-as com uma escumadeira e reserve. Aqueça o azeite restante em outra panela, junte os cogumelos e refogue por 3 minutos, ou até dourarem. Reserve.

Aqueça uma frigideira antiaderente e coloque nela uma tortilha. Espalhe um quarto das cebolas, dos cogumelos, do queijo e da salsa. Tempere com sal e pimenta-do-reino a gosto. Cubra com outra tortilha e frite, até a base dourar. Vire e deixe dourar do outro lado. Tire da frigideira e mantenha aquecida.

Repita o procedimento com o restante das tortilhas e dos ingredientes. Corte em triângulos e sirva com salada.

Variação: quesadilla de brie e espinafre. Substitua os cogumelos por 200 g de espinafre cozido e picado e o cheddar por 150 g de brie cortado em fatias finas. Prepare e sirva como indicado acima.

queijo de coalho à milanesa

4 porções
Preparo: **15 minutos**
Cozimento: **10 minutos**

4 pedaços de **queijo de coalho** (cerca de 65 g cada um)
2 **ovos** batidos
4 colheres (sopa) de **farinha de rosca**
200 ml de **óleo**, para fritar
125 g de **rúcula**
2 colheres (sopa) de **azeite**
sal e **pimenta-do-reino** moída na hora

Para a geleia de cebola
1 colher (sopa) de **azeite**
2 **cebolas** cortadas em rodelas finas
125 ml de **vinho tinto**
3 colheres (sopa) de **vinagre de vinho tinto**
50 g de **açúcar**

Mergulhe os pedaços de queijo de coalho nos ovos batidos e passe-os pela farinha de rosca. Cubra e leve à geladeira enquanto prepara a geleia de cebola.

Aqueça o azeite em uma panela pequena, acrescente as cebolas e refogue por 2 minutos. Incorpore o vinho, o vinagre e o açúcar e cozinhe, até as cebolas ficarem translúcidas. Retire-as com uma escumadeira e reserve, conservando o caldo na panela.

Aqueça o óleo em uma frigideira funda e antiaderente em fogo médio-alto. Acrescente os queijos empanados e frite até dourarem. Retire com uma escumadeira e coloque sobre papel-toalha.

Divida a rúcula em quatro pratos e regue com azeite e com o caldo das cebolas. Tempere com sal e pimenta-do-reino a gosto. Coloque as milanesas sobre a rúcula e finalize com a geleia de cebola. Sirva logo.

Variação: camembert frito com chutney picante de tomate. Corte um camembert de 250 g em triângulos, passe pelo ovo e pela farinha de rosca e leve à geladeira, como descrito acima. Coloque em uma panela 400 g de tomate pelado em cubos, 2 ou 3 pimentas-malaguetas picadas bem fininhas, 2 dentes de alho amassados, 125 g de açúcar mascavo, 4 colheres (sopa) de vinagre de vinho branco, 1 colher (sopa) de molho inglês e ½ colher (chá) de sal. Quando levantar fervura, abaixe o fogo e apure por 30 minutos, ou até engrossar. Frite o camembert como descrito acima e sirva com o chutney.

sopa de risoni e tomate

4 porções
Preparo: **10 minutos**
Cozimento: **18 minutos**

- 2 colheres (sopa) de **azeite**, mais o necessário para regar
- 1 **cebola** grande bem picada
- 2 **talos de aipo** bem picados
- 4 **tomates** grandes
- 1,5 litro de **caldo de legumes**
- 150 g de **risoni** ou outro macarrão curto seco
- 6 colheres (sopa) de **salsa** bem picada
- **sal** e **pimenta-do-reino** moída na hora

Aqueça o azeite em uma panela grande. Acrescente as cebolas e o aipo e refogue, até amolecerem.

Retire a pele dos tomates, corte-os ao meio e elimine as sementes. Pique a polpa grosseiramente.

Acrescente os tomates e o caldo à panela com as cebolas e o aipo e deixe ferver. Adicione o macarrão e cozinhe por 10 minutos, ou até ficar *al dente*. Tempere com sal e pimenta-do-reino a gosto e misture a salsa.

Tire do fogo e sirva em cumbucas previamente aquecidas, regando com um fio de azeite.

Variação: caldo de legumes. Coloque em uma panela grande 650 g de tubérculos variados (exceto batata, mandioquinha e outros legumes ricos em amido), 2 dentes de alho descascados, oito grãos de pimenta-do-reino e um buquê garni, acrescente 1,8 litro de água e deixe ferver. Abaixe o fogo e mexa devagar por 40 minutos, eliminando a espuma que se formar na superfície. Passe por um coador bem fino. Se não for consumir imediatamente, deixe esfriar antes de tampar e levar à geladeira.

fritada de milho-verde e pimentão

4 porções
Preparo: **10 minutos**
Cozimento: cerca de **10 minutos**

2 colheres (sopa) de **azeite**
4 **cebolinhas** cortadas em rodelas finas
200 g de **milho-verde** em conserva escorrido
1 **pimentão vermelho** assado, em conserva, escorrido e cortado em tiras
4 **ovos** levemente batidos
125 g de **parmesão** ralado
sal e **pimenta-do-reino** moída na hora

Aqueça o azeite em uma frigideira com cabo refratário. Acrescente as cebolinhas, o milho-verde e o pimentão e refogue por 30 segundos.

Adicione os ovos, o parmesão, sal e pimenta-do-reino a gosto. Cozinhe em fogo médio por 4-5 minutos, até formar uma base. Tire do fogo e leve ao forno preaquecido por mais 3-4 minutos, ou até ficar firme e dourada. Corte em triângulos e sirva com uma salada de folhas e pão italiano.

Variação: fritada de abobrinha, pimentão e gruyère. Substitua o milho-verde por 200 g de abobrinha picada, o parmesão por 125 g de gruyère ralado, e as cebolinhas por 4 colheres (sopa) de hortelã fresca picada.

bruschetta de truta defumada

4 porções
Preparo: **5 minutos**
Cozimento: **5 minutos**

12 fatias finas de **pão italiano**
2 **dentes de alho** grandes cortados ao meio
2 colheres (sopa) de **azeite extravirgem**, mais o necessário para regar
250 g de **tzatziki**
250 g de **truta** defumada
endro picado, para decorar
pimenta-do-reino moída na hora

Torre o pão em uma frigideira canelada (tipo grill) ou no forno.

Esfregue no pão torrado ainda quente as metades dos dentes de alho e regue com azeite. Sobre cada fatia, coloque uma colher generosa de tzatziki e, por cima, a truta. Tempere com pimenta-do-reino a gosto e, por último, espalhe o endro picado e regue com um fiozinho de azeite. Sirva imediatamente.

Para fazer o tzatziki. Rale grosso 1 pepino grande e esprema com as mãos para eliminar todo o líquido. Em um recipiente, misture o pepino ralado com 4-5 colheres (sopa) de iogurte natural. Tempere com sal e pimenta-do-reino e mexa bem.

cone de salmão defumado

4 porções
Preparo: **15 minutos**

2 **pepinos pequenos** sem sementes e em tiras finas
1 colher (chá) de **mostarda de Dijon***
1 colher (sopa) de **vinagre de vinho branco**
½ colher (chá) de **açúcar**
1 colher (sopa) de **endro** bem picado
2 **tortilhas de farinha de trigo**
4 colheres (sopa) de **coalhada**
125 g de **salmão defumado** em fatias
sal e **pimenta-do-reino** moída na hora

* Vale a pena investir em um pote dessa mostarda. Por ser mais forte e levemente picante, ela enriquece seus pratos sem muito desperdício.

Coloque as tiras de pepino em um recipiente raso de cerâmica ou de vidro. Em outra vasilha, misture a mostarda, o vinagre, o açúcar e o endro picado. Tempere com sal e pimenta-do-reino e agregue a mistura aos pepinos. Deixe descansar por 5 minutos.

Corte as tortilhas na metade e espalhe 1 colher (sopa) de coalhada sobre cada meia tortilha.

Distribua as tiras de salmão defumado sobre as tortilhas e cubra com a mistura dos pepinos. Acrescente um pouco de sal e pimenta-do-reino, se desejar, e enrole cada tortilha, formando cones. Prenda cada cone com um palito e sirva.

Variação: cone de frango e manga. Misture em um recipiente 125 g de peito de frango cozido cortado em cubos, 1 manga grande cortada em cubos e 1 colher (sopa) de coentro fresco picado. Acrescente 4 colheres (sopa) de maionese, o suco de 1 limão, sal e pimenta-do-reino a gosto e mexa bem. Distribua a mistura sobre as metades de tortilha e enrole-as, formando cones.

risoto de ervilha e presunto

4 porções
Preparo: **5 minutos**
Cozimento: cerca de **25 minutos**

1 colher (sopa) de **manteiga**
1 colher (sopa) de **azeite**
1 **cebola** bem picada
2 **dentes de alho** amassados
250 g de **arroz arbório**
900 ml de **caldo de galinha**, feito com 1 cubo de caldo e água fervente
450 g de **ervilha congelada**
25 g de **parmesão** ralado na hora
100 g de **presunto cozido** picado
1 maço de **salsa** picada bem fininha
sal e **pimenta-do-reino** moída na hora

Aqueça a manteiga e o azeite em uma panela, adicione a cebola e o alho e refogue até começarem a dourar. Acrescente o arroz e refogue bem.

Adicione o caldo quente, uma concha por vez, mexendo sempre, de modo que cada porção de caldo seja absorvida antes de colocar a próxima. Continue o procedimento até usar todo o caldo. O arroz deve adquirir uma consistência cremosa e cozida, mas ainda *al dente*, o que leva cerca de 15 minutos.

Acrescente as ervilhas e deixe cozinhar por 3-5 minutos. Tire do fogo e misture o parmesão ralado, o presunto e a salsa. Tempere com sal e pimenta-do--reino a gosto. Sirva imediatamente.

Variação: risoto de tomate e atum. Depois de refogar a cebola e o alho, acrescente 3 colheres (sopa) de vinho branco e mexa, até evaporar. Depois, siga a receita acima, substituindo as ervilhas por 2 tomates picados e 1 lata de atum escorrido. Cozinhe por 3-5 minutos. Tire do fogo e misture 2 colheres (sopa) de manjericão fresco picado e o parmesão ralado. Tempere com sal e pimenta-do--reino a gosto. Sirva imediatamente.

sopa de ervilha e hortelã

4 porções
Preparo: **10 minutos**
Cozimento: **20 minutos**

1 colher (sopa) de **manteiga**
1 **cebola** bem picada
1 **batata** bem picada
1 litro de **caldo de legumes**
400 g de **ervilha congelada**
6 colheres (sopa) de **hortelã** bem picada
sal e **pimenta-do-reino** moída na hora
creme de leite fresco (opcional), para servir

Derreta a manteiga em uma panela, coloque a cebola e a batata e cozinhe por 5 minutos. Adicione o caldo e, quando ferver, abaixe o fogo e mantenha por 10 minutos, ou até a batata ficar macia.

Acrescente as ervilhas e cozinhe por mais 3-4 minutos. Tempere com sal e pimenta-do-reino, tire do fogo e adicione a hortelã. Passe no processador ou bata no liquidificador até ficar cremoso. Sirva em cumbucas preaquecidas com uma colherada de creme de leite fresco, se desejar.

Variação: sopa de ervilha e presunto. Cozinhe 1 cenoura picada e 1 nabo picado com a cebola e a batata, e então adicione 1 litro de caldo de galinha ou de bacon. Quando os vegetais estiverem tenros, acrescente as ervilhas, 300 g de presunto cozido picado, 4 cebolinhas bem picadas e 2 colheres (sopa) de salsa picada; deixe cozinhar por 3-4 minutos. Não passe a sopa no processador. Sirva em cumbucas preaquecidas, com pão italiano.

tortinha de queijo e tomate

4 porções
Preparo: **15 minutos**
Cozimento: **10-12 minutos**

4 lâminas quadradas de **massa filo** (cerca de 25 cm de lado)
1 colher (sopa) de **azeite**
20 **tomates-cereja** cortados ao meio
200 g de **ricota**
20 g de **pinhole** ou outra oleaginosa de sua preferência (p. 18)
2 colheres (sopa) de **tomilho fresco**
sal e **pimenta-do-reino** moída na hora

Unte quatro fôrmas individuais com cerca de 10 cm de diâmetro. Pincele uma lâmina de massa filo com um pouco de azeite. Corte-a em quatro quadrados do mesmo tamanho. Com eles, forre uma das fôrmas. Repita o procedimento com o restante das fôrmas e das lâminas de massa filo, pincelando-as com azeite.

Coloque cinco metades de tomate no fundo de cada tortinha. Cubra com a ricota amassada e então acrescente as outras cinco metades de tomate e os pinholes. Espalhe as folhas de tomilho e tempere com sal e pimenta-do-reino.

Asse as tortinhas em forno preaquecido em temperatura média-alta (200°C) por 10-12 minutos, ou até a massa ficar dourada e crocante. Sirva quente com uma salada de folhas.

Variação: tortinha de queijo branco e pimentão. Sobre uma superfície enfarinhada, abra uma massa folhada e use-a para forrar as fôrmas. Retire o miolo e as sementes de 1 pimentão amarelo e de 1 pimentão laranja, corte-os em tiras bem finas e regue com um pouco de azeite. Corte 200 g de queijo branco em cubos de 1 cm. Coloque metade das tiras de pimentão na base das tortinhas, cubra com os cubos de queijo e acrescente o restante das tiras de pimentão. Espalhe 2 colheres (sopa) de orégano seco e tempere com sal e pimenta-do-reino. Asse as tortinhas conforme indicado acima.

saladas e vegetais

gratinado de batata e espinafre

4 porções
Preparo: **10 minutos**
Cozimento: **35 minutos**

625 g de **batata** cortada em rodelas finas
500 g de **espinafre**
200 g de **muçarela** ralada
4 **tomates** em rodelas
3 **ovos** batidos
300 ml de **creme de leite fresco**
sal e **pimenta-do-reino** moída na hora

Cozinhe as rodelas de batata por 5 minutos, em uma panela grande com água fervente e sal, e escorra.

Cozinhe o espinafre em outra panela em água fervente por 1-2 minutos. Escorra e elimine o excesso de água.

Unte uma travessa refratária grande e forre com metade das rodelas de batata. Cubra com o espinafre e metade da muçarela, temperando cada camada com sal e pimenta-do-reino. Acrescente as rodelas de batata restantes e as rodelas de tomate por cima. Por último, espalhe o restante da muçarela.

Bata os ovos com o creme de leite fresco e tempere com sal e pimenta-do-reino. Despeje a mistura sobre os ingredientes na travessa.

Asse em forno preaquecido a 180°C por 30 minutos. Sirva com salada e pão italiano.

Acompanhamento: salada de tomate, limão e manjericão. Fatie 1 kg de tomate e acomode em uma travessa. Espalhe ½ cebola cortada em rodelas bem finas e um punhado de manjericão. Bata 4 colheres (sopa) de azeite, 2 colheres (sopa) de manjericão picado, 1 colher (sopa) de suco de limão, 1 colher (chá) de raspas de limão, ½ colher (chá) de mel, 1 dente de alho amassado, uma pitada de pimenta-de-caiena, sal e pimenta-do-reino a gosto. Cubra, reserve em temperatura ambiente por cerca de 30 minutos, para realçar os sabores, e então sirva com o gratinado.

estrogonofe de shiitake

4 porções
Preparo: **10 minutos**
Cozimento: **10 minutos**

1 colher (sopa) de **manteiga**
2 colheres (sopa) de **azeite**
1 **cebola** cortada em rodelas finas
4 **dentes de alho** bem picados
500 g de **shiitake** fatiado
2 colheres (sopa) de **mostarda de Dijon** (p. 38)
250 ml de **creme de leite fresco**
sal e **pimenta-do-reino** moída na hora
3 colheres (sopa) de **salsa** picada, para decorar

Derreta a manteiga com o azeite em uma frigideira grande, coloque a cebola e o alho e refogue até amolecerem e começarem a dourar.

Acrescente o shiitake e refogue até ficar tenro e começar a dourar. Junte a mostarda e o creme de leite fresco e deixe aquecer um pouco. Tempere com sal e pimenta-do-reino a gosto e sirva imediatamente, decorado com a salsa picada.

Variação: sopa de shiitake com croûtons de alho. Enquanto refoga o shiitake, tempere duas fatias grossas de pão branco amanhecido sem casca, esfregando nelas 2 dentes de alho cortados ao meio. Corte o pão em cubinhos. Coloque-os em uma frigideira com pouco óleo, virando sempre, por 5 minutos, ou até ficarem completamente dourados e crocantes. Passe para uma travessa forrada com papel-toalha para eliminar o excesso de óleo. Depois de acrescentar a mostarda e o creme de leite fresco ao refogado de shiitake, conforme indicado acima, despeje 400 ml de caldo de legumes fervente e bata no processador, até ficar cremoso. Sirva em cumbucas preaquecidas, com os croûtons e a salsa picada.

caçarola grega de vegetais

4 porções
Preparo: **10 minutos**
Cozimento: **25 minutos**

4 colheres (sopa) de **azeite**
1 **cebola** cortada em rodelas finas
4 **dentes de alho** amassados
3 **pimentões** de cores variadas sem miolo, sem sementes e cortados em anéis
4 **tomates** picados
200 g de **queijo branco** em cubos
1 colher (chá) de **orégano seco**
sal e **pimenta-do-reino** moída na hora
salsa picada, para decorar
pão italiano, para servir

Aqueça 3 colheres (sopa) de azeite em uma caçarola refratária, acrescente a cebola, o alho e os pimentões e refogue, até começarem a dourar. Adicione os tomates e refogue por alguns minutos, até amolecerem. Misture o queijo branco e o orégano, tempere com sal e pimenta-do-reino a gosto e regue com o azeite restante.

Tampe a caçarola e leve ao forno preaquecido em temperatura média-alta (200°C) por 15 minutos. Decore com a salsa e sirva com pão italiano quentinho.

Variação: caçarola árabe de vegetais. Aqueça uma colher (sopa) de azeite em uma caçarola refratária, acrescente 1 cebola cortada em gomos, 3 talos de aipo fatiados e 3 cenouras cortadas em rodelas finas e refogue até amolecerem e começarem a dourar. Junte 2 colheres (chá) de harissa (pasta de pimenta) e refogue por 1 minuto. Adicione 625 g de berinjela cortada em cubos (descarte as pontas), 2 tomates grandes picados e 250 ml de água. Deixe ferver, tampe e leve ao forno preaquecido em temperatura média (180°C) por cerca de 25 minutos. Misture 2 batatas grandes descascadas e cortadas em rodelas finas e asse por mais 15 minutos, ou até ficarem macias, mas ainda firmes. Espalhe coentro picado para decorar e sirva quente.

tortinha de alho-poró e cogumelo

4 porções
Preparo: **15 minutos**
Cozimento: **25-30 minutos**

25 g de **manteiga**
2 **alhos-porós** cortados em rodelas finas
300 g de **shiitake** cortado em quartos
300 g de **cogumelo-de--paris** cortado em quartos
1 colher (sopa) de **farinha de trigo**
250 ml de **leite**
150 ml de **creme de leite fresco**
100 g de **parmesão** ralado
4 colheres (sopa) de **salsa** bem picada
2 lâminas de **massa folhada** previamente descongeladas
1 **ovo** batido
sal e **pimenta-do-reino** moída na hora

Derreta a manteiga em uma panela grande, acrescente o alho-poró e refogue por 1-2 minutos. Junte os dois tipos de cogumelo e refogue por mais 2 minutos. Adicione a farinha e deixe cozinhar por 1 minuto, mexendo sempre. Pouco a pouco, incorpore o leite e o creme de leite e deixe cozinhar, cuidando para não deixar grudar, até a mistura engrossar. Acrescente o parmesão e a salsa e mantenha por mais 1-2 minutos. Tempere com sal e pimenta-do--reino e tire do fogo.

Recorte quatro círculos das lâminas de massa folhada para cobrir quatro fôrmas pequenas. Divida o refogado de cogumelo entre as fôrmas. Pincele as bordas com o ovo batido e coloque os círculos de massa por cima. Pressione as bordas e feche-as com um garfo. Faça cortes na superfície de cada tortinha para deixar o vapor sair. Pincele a massa com o restante do ovo.

Asse em forno preaquecido a 220°C por 15-20 minutos, até dourar. Sirva imediatamente.

Variação: tortinha de cogumelo e presunto com curry. Siga a primeira etapa indicada acima, mas, depois de refogar os cogumelos, acrescente à panela 1 colher (chá) de curry em pó e ½ colher (chá) de cúrcuma e refogue por 1 minuto antes de adicionar a farinha e prosseguir com a receita. Quando a mistura engrossar, coloque 200 g de presunto cozido picado, substituindo o parmesão, e 4 colheres (sopa) de coentro fresco picado em vez da salsa. Monte e asse as tortinhas como indicado acima.

shiitake recheado com tofu

1 porção
Preparo: **15 minutos**
Cozimento: **20 minutos**

300 ml de **água fervente**
1 colher (chá) de **caldo de legumes em pó**
2 **cogumelos shiitake** grandes sem os talos
1 colher (sopa) de **azeite**
40 g de **cebola** bem picada
125 g de **tofu firme** cortado em cubos
1 colher (sopa) de **pinhole** torrado ou outra oleaginosa de sua preferência (p. 18)
¼ de colher (chá) de **pimenta-de-caiena**
1 colher (sopa) de **manjericão** picado
25 g de **parmesão** ralado fino na hora
75 g de **espinafre**
sal e **pimenta-do-reino** moída na hora

Coloque água fervente em uma panela grande e adicione o caldo de legumes. Acrescente os cogumelos e escalde-os por 2-3 minutos. Retire com uma escumadeira e deixe sobre papel-toalha para secar.

Aqueça um pouco do azeite em outra panela, coloque a cebola e refogue, até amolecer. Deixe esfriar. Misture a cebola, o tofu, os pinholes, a pimenta-de-caiena, o manjericão e o restante do azeite. Tempere com sal e pimenta-do-reino.

Salpique parmesão em cada cogumelo e recheie com a mistura de tofu. Em uma travessa refratária, leve ao forno preaquecido em temperatura média por 10 minutos.

Espalhe o espinafre em um prato, acomode os cogumelos quentes por cima e sirva.

Acompanhamento: babaganuche. Fure 1 berinjela com um garfo, corte ao meio no sentido do comprimento e coloque as metades em uma assadeira untada com as faces cortadas para baixo. Leve ao forno preaquecido em temperatura média-alta (190°C) por 30-40 minutos. Quando esfriar, tire a polpa das cascas e bata no processador com ½ dente de alho amassado e 1 colher (chá) de suco de limão. Com o aparelho ainda ligado, despeje 1 colher (sopa) de azeite para obter uma pasta cremosa. Acrescente 1 colher (sopa) de salsa picada e tempere com sal e pimenta-do-reino. Sirva com os cogumelos.

cogumelo à grega

4 porções
Preparo: **10 minutos**
Cozimento: **10 minutos**

8 colheres (sopa) de **azeite**
2 **cebolas** grandes cortadas em rodelas
3 **dentes de alho** bem picados
600 g de **cogumelo-de--paris** cortado ao meio
8 **tomates** ou 400 g de **tomate pelado em lata*** picado
100 g de **azeitona preta** sem caroço
2 colheres (sopa) de **vinagre de vinho branco**
sal e **pimenta-do-reino** moída na hora
salsa picada, para decorar

* Como são em lata, os tomates pelados podem ser adquiridos em quantidade maior e usados para incrementar refeições especiais.

Aqueça 2 colheres (sopa) de azeite em uma frigideira grande, acrescente as cebolas e o alho e refogue, até amolecerem e começarem a dourar. Junte os cogumelos e os tomates e refogue por 4-5 minutos. Tire do fogo.

Transfira o refogado de cogumelos para uma travessa e decore com as azeitonas.

Misture o restante do azeite com o vinagre, tempere com sal e pimenta-do-reino a gosto e regue o refogado. Decore com a salsa picada, cubra e reserve em temperatura ambiente por 30 minutos, para que os sabores se misturem, antes de servir.

Variação: salada de penne com cogumelo. Faça o refogado de cogumelo como indicado acima. Em uma panela grande com água fervente e sal, cozinhe 200 g de penne (ou farfalle) seco, conforme as instruções da embalagem, até ficar *al dente*. Enquanto isso, em outra panela com água fervente e sal, cozinhe 125 g de ervilha-torta até ficar levemente tenra. Esfrie em água corrente e escorra. Escorra também a massa e misture com o refogado de cogumelo, as ervilhas--tortas e 2 colheres (sopa) de manjericão picado. Sirva em temperatura ambiente.

endívia grelhada com molho verde

4 porções
Preparo: **15 minutos**
Cozimento: **10 minutos**

- 4 pés de **endívia vermelha** (cerca de 150 g cada)
- 2 colheres (sopa) de **azeite**
- 125 g de **parmesão** ralado grosso na hora
- **salsa** picada, para decorar

Para o molho verde

- 200 g de **salsa**
- 50 g de **nozes**
- 2 **pepinos em conserva**
- 8 **azeitonas verdes** sem caroço
- 1 **dente de alho** picado
- 1 colher (sopa) de **suco de limão**
- 150 ml de **azeite**
- **sal** e **pimenta-do-reino** moída na hora

Bata os ingredientes para o molho verde, exceto o azeite, no liquidificador. Com o aparelho ainda ligado, despeje aos poucos o azeite para obter uma pasta cremosa. Transfira para uma travessa, cubra e reserve.

Remova o talo duro das endívias e corte-as ao meio no sentido do comprimento.

Preaqueça em temperatura máxima uma chapa de fogão. Coloque as metades de endívia com a face cortada para baixo, pincele com azeite e deixe grelhar por 5 minutos. Vire as metades de endívia, pincele com azeite e salpique parmesão. Deixe grelhar por outros 4 minutos, ou até o queijo derreter.

Transfira a endívia para os pratos e decore com salsa picada. Coloque um pouco de molho verde em cada porção para servir e acompanhe com o restante do molho e ciabatta tostada.

Variação: sardinha grelhada com molho verde. Acomode 750 g de sardinha inteira, limpa e sem as vísceras em uma travessa. Em uma tigela, misture 3 colheres (sopa) de azeite, 2 dentes de alho, raspas e suco de 1 limão e 2 colheres (chá) de orégano seco. Despeje sobre os peixes, de modo que a marinada os cubra por completo, tampe e deixe na geladeira por cerca de 1 hora. Enquanto isso, prepare o molho verde como descrito acima. Grelhe as sardinhas em chapa de fogão por 4-5 minutos de cada lado, regando com a marinada. Sirva com o molho verde.

couve-flor com curry e grão-de-bico

4 porções
Preparo: **10 minutos**
Cozimento: **20 minutos**

- 2 colheres (sopa) de **azeite**
- 1 **cebola** picada
- 2 **dentes de alho** amassados
- 4 colheres (sopa) de **pasta de curry***
- 1 **couve-flor** pequena dividida em buquês
- 375 ml de **caldo de legumes**, preparado com 1 cubo de caldo de legumes e água fervente
- **4 tomates** picados grosseiramente
- 250 g de **grão-de-bico** cozido e escorrido
- 2 colheres (sopa) de **chutney de manga**
- **sal** e **pimenta-do-reino** moída na hora
- 4 colheres (sopa) de **coentro** picado, para decorar
- **iogurte natural** batido, para servir (opcional)

* Facilmente encontrada em lojas e sites de produtos orientais. Rende bastante e dá um toque especial a qualquer cozido.

Aqueça o azeite em uma panela, acrescente a cebola e o alho e refogue, até a cebola amolecer e começar a dourar. Adicione a pasta de curry, a couve-flor e o caldo de legumes. Quando levantar fervura, abaixe o fogo, tampe bem e deixe cozinhar por 10 minutos.

Acrescente os tomates, o grão-de-bico e o chutney e deixe cozinhar por mais 10 minutos, sem tampar. Tempere com sal e pimenta-do-reino a gosto. Sirva decorado com coentro e, se desejar, coloque um pouco de iogurte batido por cima.

Para fazer o chutney de manga. Coloque 6 mangas maduras fatiadas em uma panela grande com 300 ml de vinagre de vinho branco e cozinhe em fogo baixo por 10 minutos. Adicione 250 g de açúcar mascavo, 50 g de gengibre descascado e bem picado, 2 dentes de alho amassados, 2 colheres (chá) de pimenta vermelha em pó e 1 colher (chá) de sal e leve para ferver, mexendo sempre. Abaixe o fogo e apure por 30 minutos, mexendo de vez em quando. Despeje em um vidro esterilizado e tampe bem. Guarde na geladeira e consuma em até um mês.

ratatouille rápida

4 porções
Preparo: **10 minutos**
Cozimento: **20 minutos**

100 ml de **azeite**
2 **cebolas** picadas
1 **berinjela** média cortada em cubos
2 **abobrinhas** grandes cortadas em cubos
1 **pimentão vermelho** sem miolo, sem sementes e cortado em cubos
1 **pimentão amarelo** sem miolo, sem sementes e cortado em cubos
2 **dentes de alho** amassados
400 g de **tomate pelado em lata** picado (p. 58)
4 colheres (sopa) de **salsa** ou **manjericão**
sal e **pimenta-do-reino** moída na hora

Aqueça bem o azeite em uma panela grande. Acrescente as cebolas, a berinjela, as abobrinhas, os pimentões e o alho e refogue por alguns minutos, até amolecerem. Adicione os tomates, tempere com sal e pimenta-do-reino a gosto e mexa bem.

Abaixe o fogo, tampe a panela e deixe ferver por 15 minutos, até todos os vegetais cozinharem. Tire do fogo e salpique a salsa ou o manjericão antes de servir.

Variação: torta mediterrânea de vegetais. Coloque os vegetais refogados em uma travessa refratária média. Em uma panela grande com água fervente e sal, cozinhe 800 g de batata cortada em quartos por 12-15 minutos, ou até amaciar. Escorra e amasse com 100 g de parmesão ralado fino. Espalhe sobre os vegetais e asse em forno preaquecido em temperatura média (180°C) por 20 minutos, ou até a superfície ficar levemente dourada.

berinjela napolitana

4 porções
Preparo: **10 minutos**
Cozimento: cerca de **25 minutos**

- 2 **berinjelas** cortadas ao meio no sentido do comprimento
- 3 colheres (sopa) de **azeite**
- 1 **cebola** picada
- 1 **dente de alho** amassado
- 250 g de **tomate pelado em lata** picado (p. 58)
- 1 colher (sopa) de **extrato de tomate**
- 300 g de **muçarela** fatiada
- **sal** e **pimenta-do-reino** moída na hora
- **manjericão**, para decorar

Pincele as berinjelas com 2 colheres (sopa) de azeite e acomode-as em uma assadeira, com a face cortada para cima. Asse em forno preaquecido em temperatura média-alta (200°C) por 20 minutos.

Aqueça o restante do azeite em uma frigideira, acrescente a cebola e o alho e refogue, até a cebola amolecer e começar a dourar. Adicione os tomates e o extrato de tomate e apure por 5 minutos, ou até o molho engrossar.

Tire as berinjelas do forno e cubra cada metade com um pouco de molho e duas fatias de muçarela. Tempere com sal e pimenta-do-reino a gosto e recoloque no forno por 4-5 minutos para derreter o queijo. Decore com folhas de manjericão e sirva imediatamente.

Acompanhamento: pão de alho. Separe os dentes de 2 cabeças de alho. Coloque sobre uma folha de papel-alumínio e regue com um fio generoso de azeite. Feche, formando um pacotinho, e leve ao forno com as berinjelas. Ao tirar do forno, abra o papel-alumínio e deixe esfriar um pouco. Em seguida, pressione as pontas dos dentes de alho assados para retirar a polpa e espalhe-a sobre fatias de pão italiano tostadas no forno.

salada de lentilha e trigo em grão

4 porções
Preparo: **10 minutos**
Cozimento: **30 minutos**

100 g de **lentilha**
1 colher (sopa) de **extrato de tomate**
750 ml de **caldo de legumes**
100 g de **trigo em grão**
suco de 1 **limão**
1 colher (sopa) de **azeite**
2 **cebolas** cortadas em rodelas
1 colher (chá) de **açúcar cristal**
1 maço de **hortelã** picada
sal e **pimenta-do-reino** moída na hora
3 **tomates** picados

Coloque a lentilha, o extrato de tomate e o caldo para ferver. Quando levantar fervura, abaixe o fogo, tampe bem e deixe cozinhar por 20 minutos. Acrescente o trigo em grão e o suco de limão e tempere com sal e pimenta-do-reino a gosto. Cozinhe por 10 minutos, até reduzir todo o caldo.

Aqueça o azeite em uma frigideira, acrescente as cebolas e o açúcar e refogue em fogo baixo, até caramelizarem e ficarem bem douradas.

Misture a hortelã com a lentilha e o trigo em grão e sirva morno, espalhando a cebola caramelizada e os tomates picados.

Variação: salada libanesa de frango. Tempere 3 filés de peito de frango com sal e pimenta-do-reino. Pincele cada um deles com um pouco de azeite e coloque em uma chapa bem quente. Deixe grelhar por 4-5 minutos de cada lado, até ficarem bem cozidos e com as bordas levemente tostadas. Corte os filés em fatias finas e misture com a salada de lentilha, 1 pepino picado e 10-12 rabanetes fatiados.

abobrinha cremosa com nozes

4 porções
Preparo: **10 minutos**
Cozimento: **10-15 minutos**

3 colheres (sopa) de **azeite**
1 **cebola** picada
4 **abobrinhas** cortadas à juliana
2 **talos de aipo** cortados à juliana
250 g de **queijo cremoso com alho**
100 g de **nozes** picadas
sal e **pimenta-do-reino** moída na hora

Aqueça o azeite em uma frigideira grande e refogue a cebola por 5 minutos. Acrescente as abobrinhas e o aipo e refogue por mais 4-5 minutos, até amolecerem e começarem a dourar.

Acrescente o queijo e cozinhe por 2-3 minutos, até derreter. Junte as nozes, tempere com sal e pimenta-do-reino a gosto e sirva imediatamente.

Variação: curry de abobrinha. Refogue a cebola como indicado acima, acrescente 2 batatas pequenas cortadas em quartos e refogue por mais 2-3 minutos. Adicione as abobrinhas picadas, ½ colher (sopa) de pimenta vermelha em pó, ½ colher (chá) de cúrcuma, 1 colher (sopa) de coentro moído e ½ colher (chá) de sal. Acrescente 150 ml de água, tampe e cozinhe em fogo baixo por 8-10 minutos, até as batatas ficarem macias.

salada de berinjela e abobrinha

4 porções
Preparo: **15 minutos**
Cozimento: **4-6 minutos**

2 **berinjelas** cortadas em rodelas finas
2 **abobrinhas** cortadas em rodelas finas
3 colheres (sopa) de **azeite**
100 g de **ricota**

Para o molho de mel e hortelã
50 g de **hortelã** picada grosseiramente, mais algumas folhas inteiras, para decorar
1 colher (sopa) de **mel**
1 colher (sopa) de **mostarda de Dijon** (p. 38)
2 colheres (sopa) de **suco de limão**
sal e **pimenta-do-reino** moída na hora

Pincele as berinjelas e as abobrinhas com azeite. Preaqueça a chapa de fogão em temperatura máxima. Grelhe os vegetais por 2-3 minutos de cada lado.

Acomode os vegetais grelhados em uma travessa. Esfarele a ricota e espalhe-a sobre os vegetais.

Misture, em um recipiente pequeno, todos os ingredientes do molho e tempere com sal e pimenta--do-reino a gosto. Regue os vegetais com o molho e mexa bem. Decore com algumas folhas de hortelã e sirva com torradas de pão pita ou baguete.

Variação: molho de tahine, para substituir o molho de mel e hortelã. Coloque em uma tigela 2 colheres (sopa) de tahine, 4 colheres (sopa) de iogurte natural e 1-2 colheres (sopa) de água fria e bata devagar, apenas o tempo necessário para alcançar uma consistência leve. Adicione 2 colheres (sopa) de salsa picada e 1 dente de alho amassado. Tempere com sal e pimenta-do-reino a gosto.

salada tailandesa

4 porções
Preparo: **10 minutos**
Cozimento: **10 minutos**

250 g de **espaguete de arroz**
6 colheres (sopa) de **molho de pimenta agridoce tailandês***
2 colheres (sopa) de **molho de peixe tailandês***
suco de 2 **limões**
2 **filés de peito de frango** cozidos e sem pele
1 **pepino** cortado em tiras
1 **pimenta-malagueta** bem picada
um punhado de **coentro fresco**

* Os molhos tailandeses de peixe (nam pla) e de pimenta agridoce podem ser encontrados em lojas de produtos orientais.

Coloque o espaguete em uma tigela refratária e cubra com água fervente. Deixe por 6-8 minutos, até hidratar. Esfrie em água corrente e escorra.

Misture, em outro recipiente, o molho de pimenta agridoce, o molho de peixe e o suco dos limões. Desfie o frango, junte-o ao molho e mexa bem.

Acrescente o espaguete, o pepino e a pimenta-malagueta e misture. Salpique coentro e sirva.

Variação: salada de macarrão e frutos do mar. Substitua o frango por 500 g de camarão sem casca e cozido e 200 g de mexilhão limpo e cozido. Substitua o coentro por um punhado de manjericão.

salada de morango e pepino

4-6 porções
Preparo: **10 minutos**, mais o tempo na geladeira

1 **pepino** grande sem sementes e em fatias finas
250 g de **morango** cortado ao meio (ou em quartos, se as unidades forem grandes)

Para o molho balsâmico
1 colher (sopa) de **vinagre balsâmico**
1 colher (chá) de **mostarda de Dijon** (p. 38)
1 colher (chá) de **mel**
3 colheres (sopa) de **azeite**
sal e **pimenta-do-reino** moída na hora

Coloque o pepino fatiado e os morangos cortados em uma travessa.

Junte todos os ingredientes do molho balsâmico em um frasco com tampa e agite bem.

Despeje o molho sobre o pepino e os morangos e mexa bem. Tampe e leve à geladeira por 5-10 minutos antes de servir.

Variação: salada de pepino e endro. Faça o pré-preparo do pepino como detalhado na lista de ingredientes e coloque as fatias em uma peneira. Salpique 2 colheres (chá) de sal e reserve por 20-30 minutos, para tirar o excesso de umidade. Enxágue em água fria, escorra e acomode em uma travessa. Em outro recipiente, misture 4 colheres (sopa) de iogurte natural, 1 colher (chá) de vinagre de vinho branco e 2 colheres (sopa) de endro picado. Tempere com sal e pimenta-do-reino. Despeje o molho sobre o pepino, incorpore bem e sirva decorado com raminhos de endro.

salada de grão-de-bico

4 porções
Preparo: **10 minutos**, mais o tempo reservado

500 g de **grão-de-bico** cozido e escorrido
2 **tomates** picados grosseiramente
4 **cebolinhas** cortadas em rodelas finas
1 **pimenta-malagueta** sem sementes e bem picada
4 colheres (sopa) de **coentro fresco** picado
pão pita tostado e cortado em tiras, para servir

Para o molho de limão
2 colheres (sopa) de **suco de limão**
1 **dente de alho** amassado
2 colheres (sopa) de **azeite**
sal e **pimenta-do-reino** moída na hora

Coloque todos os ingredientes da salada em uma tigela rasa.

Ponha todos os ingredientes do molho em um frasco com tampa e agite bem. Despeje o molho sobre a salada e misture, para temperar todos os ingredientes.

Cubra a salada e reserve em temperatura ambiente por cerca de 10 minutos, para que os sabores se acentuem. Sirva com tiras de pão pita tostadas.

Variação: salada de feijão-branco e tomate seco. Use 500 g de feijão-branco cozido e escorrido, 125 g de tomate seco em conserva, escorrido e picado grosseiramente, 1 colher (sopa) de azeitona preta picada, 2 colheres (chá) de alcaparra lavada e escorrida e 2 colheres (chá) de tomilho fresco. Despeje o molho de limão e reserve, como indicado acima. Sirva com fatias de ciabatta torradas.

salada de linguiça, ovo e ciabatta

4 porções
Preparo: **10 minutos**
Cozimento: **10 minutos**

½ **ciabatta** cortada em cubinhos
6 colheres (sopa) de **azeite**
2 colheres (sopa) de **vinagre de vinho tinto**
2 colheres (sopa) de **mostarda de Dijon** (p. 38)
4 **ovos**
200 g de **linguiça** cortada em rodelas grossas
quatro punhados de **espinafre**
sal e **pimenta-do-reino** moída na hora

Regue os cubinhos de ciabatta com 2 colheres (sopa) de azeite e asse em forno preaquecido em temperatura média-alta (200°C) por 10 minutos.

Misture, em outro recipiente, o restante do azeite, o vinagre e a mostarda de Dijon, para preparar o molho.

Quebre os ovos em água fervente em fogo baixo e cozinhe por 5 minutos, tirando-os com as gemas ainda moles. Em uma frigideira sem óleo, frite a linguiça em fogo médio por 3-4 minutos.

Misture a linguiça e o espinafre em uma tigela com o molho. Divida em quatro pratos, distribua os pedacinhos crocantes de ciabatta e, por cima, coloque um ovo com a gema mole. Regue com o restante do molho, tempere com sal e pimenta-do-reino e sirva.

Variação: fatuche (salada de pão pita). Para essa salada típica libanesa que também leva pedacinhos de pão — nesse caso, pão pita —, misture 2 pimentões verdes sem miolo e sem sementes, ½ pepino sem sementes, 4 tomates maduros sem sementes, 1 cebola bem picada, 2 dentes de alho amassados, 2 colheres (sopa) de salsa picada, 1 colher (sopa) de coentro picado e 1 colher (sopa) de hortelã picada. Regue com o molho de limão (p. 78). Torre 2 pães pita em uma chapa preaquecida, quebre-os em pedaços e acrescente à salada. Cubra e reserve em temperatura ambiente por 30 minutos, para que os sabores se misturem.

salada grega

4 porções
Preparo: **15 minutos**

4 **tomates** cortados em gomos
½ **pepino** cortado em cubos grandes
1 **pimentão verde** sem miolo, sem sementes e cortado em rodelas finas
1 **cebola** cortada em rodelas finas
200 g de **queijo minas fresca**l (ou **tofu firme**) em cubos
100 g de **azeitona preta** sem caroço
4 colheres (sopa) de **azeite**
2 colheres (sopa) de **vinagre de vinho branco**
2-3 colheres (sopa) de **orégano** bem picado
sal e **pimenta-do-reino** moída na hora

Coloque os tomates, o pepino, o pimentão verde e a cebola em uma travessa.

Espalhe os cubos de queijo e as azeitonas. Tempere bem com sal e pimenta-do-reino e regue com o azeite e o vinagre. Salpique o orégano e sirva.

Variação: salada de melancia, queijo minas e semente de girassol. Acrescente 200 g de melancia cortada em cubos aos ingredientes da salada acima. Torre 2 colheres (sopa) de semente de girassol e salpique sobre a salada antes de servir.

salada de aipo, cebola e batata

4 porções
Preparo: **10 minutos**
Cozimento: **10-15 minutos**

500 g de **batata** cortada ao meio
1 bulbo pequeno de **erva-doce** sem o miolo e em fatias finas
2 **talos de aipo** cortados em fatias finas
1 **cebola roxa** picada à juliana
folhas de aipo ou **raminhos de endro**, para decorar

Para o molho de maionese
150 ml de **maionese**
2 colheres (chá) de **mostarda de Dijon** (p. 38)
2 colheres (sopa) de **endro** bem picado
sal e **pimenta-do-reino** moída na hora

Cozinhe as batatas em uma panela grande com água fervente e sal, por 10-15 minutos, até ficarem macias.

Coloque em uma travessa a erva-doce, o aipo e a cebola. Para preparar o molho, misture todos os ingredientes em uma tigela pequena e tempere com sal e pimenta-do-reino a gosto.

Esfrie as batatas em água corrente e escorra. Acrescente-as à salada. Adicione o molho e misture bem. Decore com folhas de aipo e raminhos de endro, se desejar, e sirva em seguida.

Variação: molho de ervas. Como uma alternativa mais fresca e aromática ao molho de maionese, coloque em um frasco com tampa 4 colheres (sopa) de azeite, 1 colher (sopa) de salsa picada, 1 colher (sopa) de manjericão picado, 1 colher (chá) de raspas de limão, 1 colher (sopa) de vinagre de vinho branco, sal e pimenta-do-reino a gosto e agite bem. Misture com os vegetais, como indicado acima, e decore com algumas folhas de manjericão rasgadas.

salada indonésia gado-gado

4 porções
Preparo: **15 minutos**
Cozimento: **10 minutos**

Para a salada
4 **ovos**
1 **alface-americana** fatiada
2 **cenouras** cortadas em bastões
½ **pepino** descascado e cortado em bastões
½ **pimentão vermelho** sem miolo, sem sementes e cortado em bastões

Para o molho de amendoim
4 colheres (sopa) de **creme de amendoim**
suco de 1 **limão**
1 colher (sopa) de **mel**
1 colher (sopa) de **molho de soja**
½ colher (chá) de **pimenta--malagueta** bem picada

Coloque os ovos em uma panela com água fria e leve ao fogo. Quando levantar fervura, deixe cozinhar por 10 minutos e então mergulhe-os em água fria. Descasque-os e corte ao meio no sentido do comprimento.

Disponha todos os demais ingredientes da salada em uma tigela e acrescente os ovos.

Junte todos os ingredientes do molho em uma panela e aqueça em fogo baixo, mexendo, até agregarem bem. Despeje o molho sobre a salada e sirva em seguida, ou oferça o molho à parte, como um dip.

Variação: gado-gado com macarrão e tofu. Para servir como prato principal, cozinhe 300 g de espaguetinho em uma panela com água fervente por 4 minutos, ou até ficar *al dente*, enquanto os ovos cozinham como explicado acima. Esfrie em água corrente e escorra. Coloque em uma travessa rasa. Seque 125 g de tofu firme com papel-toalha e corte em cubos. Em uma frigideira, aqueça uma pequena quantidade de óleo de amendoim e acrescente os cubos de tofu. Frite, até ficarem crocantes e dourarem bem de todos os lados. Retire com uma escumadeira e coloque sobre papel-toalha para eliminar o excesso de gordura. Monte a salada conforme descrito acima sobre a base de macarrão e, por último, espalhe o tofu. Regue com o molho e sirva morno.

salada de ovo e bacon

4 porções
Preparo: **10 minutos**
Cozimento: **10 minutos**

4 fatias grossas de **pão amanhecido**
6 colheres (sopa) de **azeite**
4 **ovos**
1 colher (sopa) de **mostarda de Dijon** (p. 38)
suco de ½ **limão**
100 g de **bacon** cortado em pedaços
100 g de **rúcula**
sal e **pimenta-do-reino** moída na hora

Corte o pão em pedaços pequenos e regue com 2 colheres (sopa) de azeite. Asse em forno preaquecido em temperatura média-alta (200°C) por 10 minutos, ou até começar a dourar.

Cozinhe os ovos em água fervente por 4 minutos. Retire e esfrie em água corrente por 1 minuto.

Bata, em uma tigela pequena, o restante do azeite, a mostarda de Dijon e o suco de limão.

Aqueça uma frigideira antiaderente, acrescente o bacon e frite em fogo médio por 5 minutos, até dourar e ficar crocante. Coloque em uma tigela com a rúcula.

Descasque os ovos, quebre-os grosseiramente ao meio e acrescente à rúcula e ao bacon. Espalhe os croûtons e regue com o molho. Tempere com sal e pimenta-do-reino a gosto e sirva imediatamente.

Variação: molho de iogurte cremoso, para substituir o molho de mostarda. Bata 4 colheres (sopa) de azeite, o suco de 1 limão, 6 colheres (sopa) de iogurte natural, 1 dente de alho amassado, 1 colher (chá) de mel e 1 colher (chá) de orégano seco.

arroz e massas

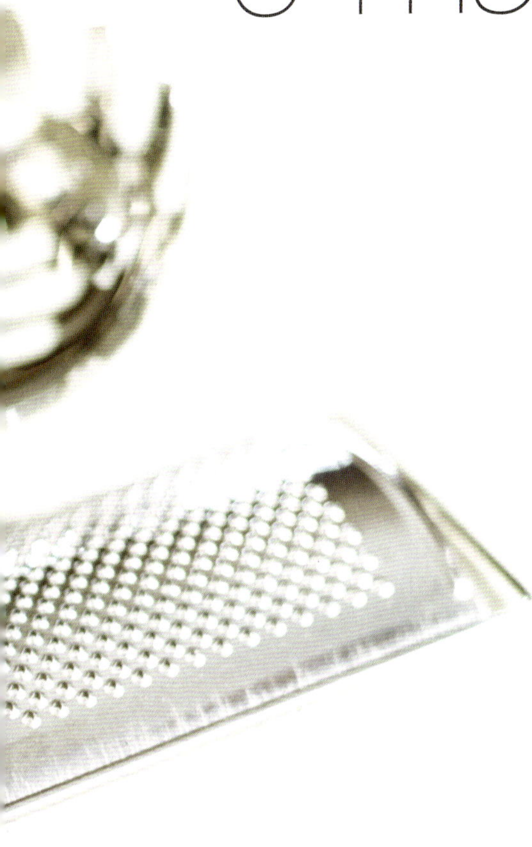

arroz com tomate e bacon

4 porções
Preparo: **10 minutos**, mais o tempo de descanso
Cozimento: cerca de **20 minutos**

2 colheres (sopa) de **azeite**
2 **alhos-porós** fatiados
1 **dente de alho** amassado
200 g de **bacon magro** picado
400 g de **tomate pelado em lata** picado (p. 58)
250 g de **arroz**
750 ml de **caldo de galinha**
sal e **pimenta-do-reino** moída na hora
folhas de salsa picadas, para decorar

Aqueça o azeite em uma panela e refogue o alho--poró, o alho e o bacon em fogo médio por alguns minutos, até amolecerem e começarem a dourar. Adicione os tomates e o arroz e refogue por 1 minuto.

Acrescente o caldo e tempere com sal e pimenta-do--reino a gosto. Abaixe o fogo, tampe bem e cozinhe por 12-15 minutos, até o caldo secar e o arroz ficar macio.

Tire do fogo e reserve, tampado, por 10 minutos. Mexa, decore com salsa e sirva imediatamente.

Para fazer o caldo de galinha. Coloque em uma panela 1 carcaça de frango cortada em 3-4 pedaços, 1 cebola picada, 2-3 cenouras picadas, 1 aipo picado, 1 folha de louro, 3-4 talos de salsa e um raminho de tomilho. Acrescente 1,8 litro de água e deixe ferver, eliminando a espuma que se formar na superfície. Abaixe o fogo e apure por 2-2h30. Coe e, se não for usar imediatamente, deixe esfriar antes de tampar e levar à geladeira.

maccheroni com presunto e queijo

4 porções
Preparo: **5 minutos**
Cozimento: **15 minutos**

350 g de **maccheroni** ou outra massa pequena e tubular, como caracol e rigatoni
250 g de **cream cheese**
100 g de **parmesão** ralado
100 ml de **leite**
2 colheres (chá) de **mostarda de Dijon** (p. 38)
400 g de **presunto defumado** cortado em cubinhos
sal e **pimenta-do-reino** moída na hora
folhas de salsa picadas, para decorar

Cozinhe a massa em uma panela grande com água fervente e sal, conforme as instruções da embalagem, até ficar *al dente*. Escorra e coloque em uma travessa preaquecida. Cubra e mantenha aquecido.

Misture o cream cheese, o parmesão, o leite e a mostarda em fogo baixo, até formar um molho. Acrescente o presunto e cozinhe por mais 1-2 minutos. Tempere com sal e pimenta-do-reino a gosto.

Sirva o macarrão incorporado ao molho de queijo e decorado com salsa picada.

Acompanhamento: espinafre com azeite e limão. Lave bem 625 g de espinafre em água fria, coloque-o bem encharcado em uma panela grande sem adicionar mais água e tempere com sal a gosto. Tampe e cozinhe em fogo médio por 5-7 minutos, até murchar e ficar tenro, agitando a panela de tempos em tempos. Escorra bem, recoloque na panela enxaguada e mexa sobre fogo alto, até evaporar toda a água remanescente. Acrescente 2 colheres (sopa) de manteiga e 2 dentes de alho bem picados e continue mexendo até agregar ao espinafre. Transfira para uma travessa preaquecida, regando com 4 colheres (sopa) de azeite e 2 colheres (sopa) de suco de limão. Tempere a gosto com sal e pimenta-do-reino e sirva imediatamente.

fettuccine com berinjela

4 porções
Preparo: **10 minutos**
Cozimento: **15 minutos**

8 colheres (sopa) de **azeite**
2 **berinjelas** em cubos
2 **cebolas roxas** cortadas em rodelas
75 g de **pinhole** ou outra oleaginosa de sua preferência (p. 18)
3 **dentes de alho** amassados
2 colheres (sopa) de **extrato de tomate**
150 ml de **caldo de legumes**
300 g de **fettuccine fresco** (branco, verde ou vermelho)
100 g de **azeitona preta** sem caroço
sal e **pimenta-do-reino** moída na hora
3 colheres (sopa) de **salsa** picada, para decorar

Refogue no azeite as cebolas e as berinjelas em uma frigideira grande, por 8-10 minutos, até ficarem macias e douradas. Acrescente os pinholes e o alho e refogue por 2 minutos. Adicione o extrato de tomate e o caldo e deixe cozinhar por mais 2 minutos.

Cozinhe o fettuccine em uma panela grande com água fervente e sal durante 2 minutos, ou até ficar *al dente*.

Escorra a massa e recoloque na panela. Junte o refogado de vegetais e as azeitonas, tempere com sal e pimenta-do-reino a gosto e esquente em fogo médio por 1 minuto, mexendo bem. Sirva salpicado de salsa.

Variação: caçarola de berinjela e tomate com batata. Cozinhe 4 batatas em uma panela grande com água fervente e sal, até ficarem macias. Enquanto isso, siga o primeiro passo da receita acima, dispensando os pinholes e o extrato de tomate. Adicione 3 tomates grandes sem pele e picados e o caldo. Deixe cozinhar em fogo médio por 5 minutos, depois pique as azeitonas e acrescente-as ao cozido. Coloque em uma travessa refratária. Escorra as batatas, corte-as em rodelas e disponha-as sobre os vegetais. Espalhe 4 colheres (sopa) de parmesão ralado na hora e gratine em forno preaquecido em temperatura média-alta (200°C) por 35-40 minutos, até ficar bem dourado.

conchiglie cremoso

4 porções
Preparo: **10 minutos**
Cozimento: **10 minutos**

375 g de **conchiglie (macarrão concha)**
2 colheres (sopa) de **azeite**
6 **cebolinhas** cortadas em rodelas bem finas
150 g de **gorgonzola** cortado em cubos
200 g de **cream cheese**
sal e **pimenta-do-reino** moída na hora
3 colheres (sopa) de **cebolinha-francesa**, para decorar

Cozinhe a massa em uma panela grande com água fervente e sal, conforme as instruções da embalagem, até ficar *al dente*.

Aqueça o azeite em uma frigideira grande e refogue as cebolinhas por 2-3 minutos em fogo médio. Acrescente os queijos e mexa para obter um molho cremoso.

Escorra a massa e coloque em uma travessa. Regue com o molho e tempere com sal e pimenta-do-reino a gosto. Decore com a cebolinha-francesa e sirva imediatamente.

Variação: pacotinho de alho-poró e queijo. Refogue 3 alhos-porós cortados em rodelas bem finas, até começarem a dourar, e deixe esfriar. Misture com os queijos e com 3 colheres (sopa) de cebolinha cortada em rodelas. Derreta 75 g de manteiga em outra panela. Coloque oito lâminas de massa filo sobre um prato e cubra com um pano de prato úmido. Trabalhando com uma lâmina de massa por vez, corte-a em três tiras iguais e pincele com a manteiga derretida. Coloque 1 colher (chá) da mistura de alho-poró em cada tira. Dobre uma ponta da tira de massa na diagonal, para fechar, e continue dobrando até o fim da tira, formando um triângulo. Pincele com a manteiga derretida e coloque em uma assadeira. Repita o procedimento com o restante do alho-poró e da massa, para obter 24 pacotinhos. Leve ao forno preaquecido em temperatura alta (220°C) por 8-10 minutos, até começar a dourar. Sirva quente.

pilaf de atum e milho-verde

4 porções
Preparo: **10 minutos**
Cozimento: **15-20 minutos**

2 colheres (sopa) de **azeite**
1 **cebola** picada
1 **dente de alho** amassado
1 **pimentão vermelho** sem miolo, sem sementes e picado em cubinhos
250 g de **arroz parboilizado**
750 ml de **caldo de galinha**
325 g de **milho-verde** em conserva escorrido
200 g de **atum** em lata ao natural
sal e **pimenta-do-reino** moída na hora
6 **cebolinhas** picadas, para decorar

Refogue no azeite a cebola, o alho e o pimentão até ficarem macios. Acrescente o arroz e refogue. Junte o caldo de galinha e tempere com sal e pimenta-do-reino a gosto.

Abaixe o fogo quando levantar fervura e deixe cozinhar por cerca de 10-15 minutos, mexendo em intervalos regulares, até reduzir todo o caldo e o arroz ficar macio.

Acrescente o milho-verde e o atum e mantenha em fogo baixo, somente até aquecer. Decore com as cebolinhas e sirva imediatamente.

Variação: torta pilaf de piquenique. Coloque o pilaf pronto em uma fôrma antiaderente de 23 cm^2. Bata 4 ovos com 4 colheres (sopa) de salsa picada, tempere com sal e pimenta-do-reino e despeje sobre o pilaf. Asse em forno preaquecido em temperatura média (180°C) por 25-30 minutos. Deixe esfriar e desenforme. Sirva em pedaços grandes.

pappardelle com vegetais

4 porções
Preparo: **10 minutos**
Cozimento: **15 minutos**

250 g de **aspargo** sem as pontas e cortado em pedaços de 5 cm
125 g de **ervilha-torta**
400 g de **pappardelle** ou **fettuccine**
150 g de **cogumelo-de--paris**
200 g de **miniabobrinha**
1 colher (sopa) de **azeite**
1 **cebola** pequena bem picada
1 **dente de alho** bem picado
4 colheres (sopa) de **suco de limão**
2 colheres (chá) de **estragão** picado
2 colheres (chá) de **salsa** picada
100 g de **muçarela defumada** em cubos
sal e **pimenta-do-reino** moída na hora

Cozinhe os aspargos e as ervilhas em uma panela com água fervente por 3-4 minutos. Esfrie em água corrente, escorra e reserve.

Cozinhe a massa em uma panela grande com água fervente e sal, conforme as instruções da embalagem, até ficar *al dente*.

Corte os cogumelos e as abobrinhas ao meio, no sentido do comprimento, e reserve. Em uma frigideira grande, aqueça o azeite e refogue a cebola e o alho por 2-3 minutos. Acrescente as abobrinhas e os cogumelos e refogue por 3-4 minutos. Junte os aspargos e as ervilhas reservados e mantenha por mais 1-2 minutos, antes de adicionar o suco de limão e as ervas.

Escorra a massa e recoloque na panela. Acrescente o refogado de vegetais e a muçarela e tempere com sal e pimenta-do-reino. Misture e sirva.

Acompanhamento: pão de alho e queijo. Faça cortes em 1 baguete como se fosse dividi-la em fatias grossas de 2,5 cm, mas mantendo uma parte sem cortar. Em um recipiente, bata 125 g de manteiga em temperatura ambiente, 1 dente de alho amassado, 1 ½ colher (sopa) de salsa picada e 125 g de parmesão fresco ralado fino. Espalhe essa pasta nos dois lados das fatias de pão e sobre a baguete. Envolva em papel-alumínio e leve ao forno preaquecido em temperatura média-alta (190°C) por 15 minutos. Abra o papel-alumínio e asse por mais 5 minutos. Corte em fatias e sirva quente.

risoto de cenoura, ervilha e fava

4 porções
Preparo: **15 minutos**
Cozimento: cerca de **25 minutos**

4 colheres (sopa) de **manteiga**
2 colheres (sopa) de **azeite**
1 **cebola** grande bem picada
2 **cenouras** bem picadas
2 **dentes de alho** bem picados
350 g de **arroz arbório**
200 ml de **vinho branco**
1,5 litro de **caldo quente de legumes**
200 g de **ervilha congelada**
100 g de **fava** congelada
50 g de **parmesão** ralado na hora
um punhado de **salsa** picada
sal e **pimenta-do-reino** moída na hora

Derreta a manteiga com o azeite em uma panela e refogue a cebola, as cenouras e o alho por cerca de 3 minutos, até ficarem macios. Acrescente o arroz e refogue bem. Adicione o vinho branco e mantenha em fogo alto até evaporar.

Incorpore o caldo quente, uma concha por vez, de modo que cada porção seja absorvida antes de colocar a próxima. Continue o procedimento até usar todo o caldo. O arroz deve ficar cremoso e cozido, mas *al dente*, o que leva cerca de 15 minutos.

Acrescente as ervilhas e as favas previamente descongeladas e aqueça por 3-5 minutos. Tire do fogo e salpique o parmesão e a salsa. Tempere com sal e pimenta-do-reino a gosto e sirva em seguida.

Variação: bolinho de risoto à italiana. Mantenha o risoto na geladeira até o dia seguinte. Com o risoto frio, faça bolinhos do tamanho de uma noz. Bata 2 ovos em um recipiente raso. Passe os bolinhos pelo ovo e depois pela farinha de rosca. Coloque óleo em uma frigideira funda até um terço de sua capacidade e aqueça em temperatura média (180-190°C), ou até um cubinho de pão ficar dourado em 30 segundos. Acrescente os bolinhos em lotes e frite por 2-3 minutos, até dourarem. Retire com uma escumadeira, coloque sobre papel-toalha, para eliminar o excesso de gordura, e sirva.

tortellini ao molho de pimentão

4 porções
Preparo: **10 minutos**, mais o tempo para esfriar
Cozimento: **15 minutos**

2 **pimentões vermelhos** sem miolo, sem sementes e cortados em pedaços grandes
2 **dentes de alho** picados
8 **cebolinhas** cortadas em rodelas finas
500 g de **tortellini fresco de queijo** ou outro recheio de sua preferência
175 ml de **azeite**
25 g de **parmesão** ralado na hora
sal e **pimenta-do-reino** moída na hora

Leve os pedaços de pimentão ao forno preaquecido, com a pele para cima, e deixe assar até tostarem e começarem a formar bolhas. Coloque em um saco plástico, vede bem e deixe esfriar, para poder retirar a pele.

Passe os pimentões e o alho no processador até obter uma pasta. Acrescente as cebolinhas e reserve.

Cozinhe a massa em uma panela grande com água fervente e sal, conforme as instruções da embalagem, até ficar *al dente*. Escorra e recoloque na panela.

Misture a pasta de pimentões com a massa e acrescente o azeite e o parmesão. Tempere com sal e pimenta-do-reino a gosto e sirva imediatamente.

Variação: salada morna de tortellini, presunto e pimentão vermelho. Asse e retire a pele dos pimentões como descrito acima e então corte à juliana. Enquanto cozinha o tortellini, fatie 1 cebola roxa em rodelas finas. Escorra a massa e misture com 125 g de presunto picado, 200 g de rúcula, a cebola e os pimentões. Sirva imediatamente.

linguine com camarão e limão

4 porções
Preparo: **15 minutos**
Cozimento: cerca de **10 minutos**

375 g de **linguine ou espaguete**
15 g de **manteiga**
1 colher (sopa) de **azeite**
1 **dente de alho** bem picado
2 **cebolinhas** em rodelas finas (só a parte branca)
2 **pimentas-malaguetas** sem sementes e bem picadas
450 g de **camarão descascado congelado**
2 colheres (sopa) de suco de **limão**
2 colheres (sopa) de **coentro fresco** bem picado
sal e **pimenta-do-reino** moída na hora

Cozinhe a massa em uma panela grande com água fervente e sal até ficar *al dente*. Enquanto isso, derreta a manteiga com o azeite em uma frigideira grande. Acrescente o alho, as cebolinhas e a pimenta-malagueta e refogue por 2-3 minutos.

Junte os camarões já descongelados e refogue rapidamente. Adicione o suco de limão e o coentro e misture bem. Tire do fogo e reserve.

Escorra a massa e misture com os camarões, na frigideira ou em uma travessa grande preaquecida. Tempere bem com sal e pimenta-do-reino e sirva imediatamente.

Variação: linguine com lula picante e limão. Abra 450 g de lula pequena com um corte na lateral e coloque sobre uma tábua com o interior para cima. Usando uma faca afiada, faça sulcos em cruz. Corte os tentáculos em pedacinhos. Em uma panela com água fervente e sal, cozinhe 375 g de espaguete até ficar *al dente*. Enquanto isso, aqueça 2 colheres (sopa) de óleo de amendoim em uma frigideira ou wok antiaderente, acrescente 2 dentes de alho cortados em lâminas finas e um pedaço de 2,5 cm de gengibre picado, mais as cebolinhas e a pimenta-malagueta, conforme explicado acima, e refogue por 2-3 minutos. Adicione o suco de 1 limão, 2 colheres (sopa) de molho de soja e 2 colheres (sopa) de coentro fresco bem picado, salteie rapidamente e tire do fogo. Escorra o espaguete, misture com as lulas salteadas e sirva.

espaguete à marguerita

4 porções
Preparo: **10 minutos**
Cozimento: **10 minutos**

400 g de **espaguete**
5 colheres (sopa) de **azeite**
5 **dentes de alho** bem picados
6 **tomates bem maduros** sem sementes e picados
25 g de **manjericão**
sal e **pimenta-do-reino** moída na hora

Cozinhe o espaguete em uma panela grande com água fervente e sal, até ficar *al dente*.

Aqueça o azeite em uma frigideira e refogue o alho por 1 minuto. Assim que o alho começar a mudar de cor, tire a frigideira do fogo e adicione o restante do azeite.

Escorra a massa e recoloque na panela. Acrescente o azeite aromatizado com alho, os tomates picados e o manjericão. Tempere com sal e pimenta-do-reino a gosto e misture bem. Sirva imediatamente.

Variação: pizza marguerita rápida. Faça o azeite aromatizado com alho como acima, utilizando 4 colheres (sopa) de azeite e 4 dentes de alho. Retire a pele e as sementes dos tomates e pique. Reserve metade do azeite de alho em um recipiente e acrescente à panela os tomates e metade do manjericão. Tempere e deixe cozinhar em fogo baixo enquanto prepara a massa da pizza. Em uma tigela, coloque 250 g de farinha de trigo com fermento e 1 colher (chá) de sal. Aos poucos, incorpore 150 ml de água morna, misturando bem. Trabalhe a massa e forme uma bola. Amasse sobre uma superfície enfarinhada até ficar homogênea. Com um rolo de macarrão, abra a massa, formando um disco de 30 cm de diâmetro, com as bordas mais grossas que o centro, e coloque em uma assadeira. Espalhe o molho de tomate sobre o disco, cubra com 125 g de muçarela fatiada e regue com o restante do azeite de alho. Asse em forno preaquecido em temperatura alta (240°C) por 15 minutos. Distribua o manjericão restante e sirva.

risoto de abobrinha e ervas

4 porções
Preparo: **10 minutos**
Cozimento: cerca de **20 minutos**

- 4 colheres (sopa) de **manteiga**
- 2 colheres (sopa) de **azeite**
- 1 **cebola** grande bem picada
- 2 **dentes de alho** bem picados
- 350 g de **arroz arbório**
- 200 ml de **vinho branco**
- 1,5 litro de **caldo quente de legumes**
- 200 g de **espinafre** picado
- 100 g de **abobrinha** cortada em cubinhos
- 50 g de **parmesão** ralado na hora
- um punhado de **ervas picadas** (endro, hortelã e cebolinha)
- **sal** e **pimenta-do-reino** moída na hora

Derreta a manteiga com o azeite em uma panela e refogue a cebola e o alho por 3 minutos, até amolecerem. Acrescente o arroz e refogue bem. Adicione o vinho e mantenha em fogo alto até evaporar.

Incorpore o caldo quente, uma concha por vez, de modo que cada porção tenha sido absorvida antes de a seguinte ser colocada. Continue o procedimento até usar todo o caldo. O arroz deve ficar cremoso e cozido, mas *al dente*, o que leva cerca de 15 minutos.

Junte o espinafre e as abobrinhas e mantenha por 3-5 minutos. Tire do fogo e acrescente o parmesão e as ervas. Tempere com sal e pimenta-do-reino a gosto e sirva imediatamente.

Variação: risoto de abobrinha e cenoura. Refogue a cebola e o alho na manteiga e no azeite, como indicado acima, e acrescente 2 talos de aipo bem picados e 3 cenouras cortadas em cubinhos. Continue com a receita acima até concluir o segundo passo. Enquanto isso, corte 3 abobrinhas em cubos de 1 cm, junte ao risoto e mantenha por 3-5 minutos. Tire do fogo e acrescente 1 colher (sopa) de manjericão picado e o parmesão ralado. Tempere a gosto com sal e pimenta-do-reino e sirva imediatamente.

kedgeree com mix de feijões

4 porções
Preparo: **10 minutos**
Cozimento: **15-20 minutos**

2 colheres (sopa) de **azeite**
1 **cebola** picada
2 colheres (sopa) de **curry em pó**
250 g de **arroz**
750 ml de **caldo de legumes**
4 **ovos**
250 g de **feijões mistos** cozidos e escorridos
150 ml de **sour cream** (p. 26)
sal e **pimenta-do-reino** moída na hora
2 **tomates** picados, para decorar
folhas de salsa, para decorar

Aqueça o azeite em uma frigideira e refogue a cebola até amolecer. Acrescente o curry e o arroz e refogue. Adicione o caldo e tempere com sal e pimenta-do--reino a gosto. Quando começar a ferver, abaixe o fogo, tampe e deixe cozinhar, mexendo de vez em quando, por 10-15 minutos, ou até todo o caldo ter sido absorvido e o arroz estar macio.

Coloque os ovos em uma panela com água fria e leve ao fogo. Quando levantar fervura, deixe cozinhar por 10 minutos e depois esfrie em água corrente. Descasque os ovos e corte-os em quartos, no sentido do comprimento.

Acrescente os feijões e o sour cream e mantenha em fogo baixo somente até aquecer. Sirva decorado com os ovos, os tomates e a salsa.

Variação: pilaf de frango e abacaxi. Siga a primeira etapa da receita acima, acrescente 2 colheres (chá) de cúrcuma com o curry e substitua o caldo de legumes por caldo de galinha. Ao arroz, adicione 400 g de peito de frango picado, 250 g de abacaxi em calda escorrido e picado e o sour cream e mantenha em fogo baixo, até aquecer. Sirva decorado com 3 colheres (sopa) de coentro fresco picado.

pappardelle à puttanesca

4 porções
Preparo: **10 minutos**
Cozimento: **15 minutos**

2 colheres (sopa) de **azeite**
1 **cebola** picada
2 **pimentas-malaguetas** sem sementes e bem picadas
2 **dentes de alho** amassados
1 colher (sopa) de **alcaparra**
800 g de **tomate pelado em lata** picado (p. 58)
100 g de **azeitona preta** sem caroço
50 g de **filé de aliche** escorrido
400 g de **pappardelle ou fettuccine**
25 g de **parmesão** ralado na hora
sal e **pimenta-do-reino** moída na hora

Aqueça o azeite em uma frigideira, acrescente a cebola, a pimenta-malagueta e o alho e refogue até amolecerem. Adicione as alcaparras, os tomates, as azeitonas e os filés de aliche, tampe e deixe cozinhar por 10 minutos. Tempere com sal e pimenta-do-reino a gosto.

Cozinhe o macarrão em uma panela grande com água fervente e sal, conforme as instruções da embalagem, até ficar *al dente*.

Escorra a massa. Sirva imediatamente com o molho e parmesão salpicado.

Variação: molho de atum e azeitona. Refogue a cebola e o alho como indicado acima, substituindo a pimenta-malagueta por ½ colher (chá) de pimenta-calabresa em flocos. Depois, acrescente as alcaparras, os tomates, as azeitonas e, no lugar dos filés de aliche, 1 lata de atum escorrido. Deixe cozinhar por 10 minutos. Adicione 100 ml de creme de leite fresco e 100 ml de leite, tempere a gosto com sal e pimenta-do-reino e sirva imediatamente sobre a massa escorrida. Salpique o parmesão ralado e 1 colher (sopa) de salsa.

fusilli ao forno

4 porções
Preparo: **10 minutos**
Cozimento: **30 minutos**

1 colher (sopa) de **azeite**
450 g de **alho-poró** cortado em rodelas
2 **dentes de alho** amassados
4 **ovos** batidos
150 ml de **creme de leite fresco**
125 g de **gruyère** ralado
125 g de **fusilli cozido**
sal e **pimenta-do-reino** moída na hora

Aqueça o azeite em uma frigideira e refogue o alho-poró e o alho, até ficarem macios.

Misture o refogado com todos os ingredientes restantes, tempere com sal e pimenta-do-reino a gosto e transfira para uma assadeira ou fôrma refratária previamente untada.

Leve ao forno preaquecido em temperatura média (180ºC) por 25 minutos, ou até os ovos cozinharem bem e o queijo ficar dourado. Sirva com salada verde.

Variação: rigatoni ao forno com frango e muçarela. Siga o primeiro passo da receita e depois acrescente 200 g de frango cozido cortado em pedaços pequenos, 2 colheres (sopa) de estragão bem picado, os ovos, o creme de leite, 125 g de muçarela e 125 g de rigatoni cozido. Asse conforme indicado acima.

carnes e aves

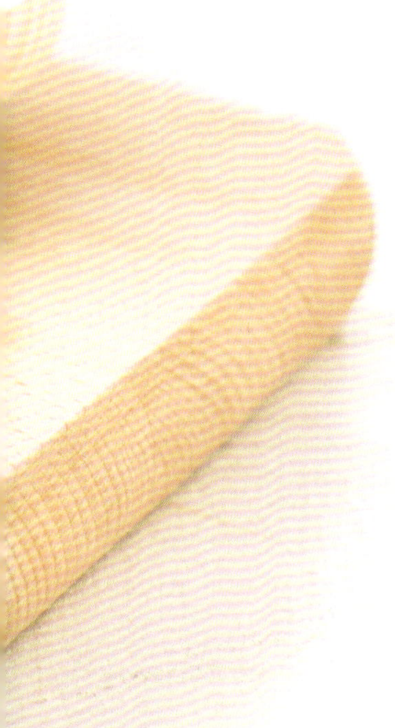

curry de cordeiro e ervilha

4 porções
Preparo: **10 minutos**
Cozimento: **30 minutos**

2 colheres (sopa) de **azeite**
1 **cebola** picada
2 **dentes de alho** amassados
250 g de **batata** cortada em cubos de 1,5 cm
500 g de **carne de cordeiro moída**
1 colher (sopa) **curry em pó**
200 g de **ervilha congelada**
200 ml de **caldo de legumes**
2 colheres (sopa) de **chutney de manga** (p. 62)
sal e **pimenta-do-reino** moída na hora
folhas de coentro, para decorar

Aqueça o azeite em uma panela e refogue a cebola e o alho por 5 minutos, até a cebola amolecer e começar a dourar. Acrescente as batatas e a carne de cordeiro moída e refogue por 5 minutos, até a carne dourar.

Adicione o curry em pó e refogue por mais 1 minuto. Junte os demais ingredientes e tempere com sal e pimenta-do-reino a gosto. Quando levantar fervura, abaixe o fogo, tampe bem e deixe cozinhar por 20 minutos.

Tire do fogo, decore com coentro picado e sirva com iogurte natural e arroz cozido no vapor.

Variação: wrap indiano picante. Corte em tiras bem finas 200 g de alface-americana e disponha em uma tigela com 1 cenoura ralada grosso. Em uma frigideira, aqueça oito fatias de pão para wrap por 1-2 minutos de cada lado e então coloque a mistura de alface e cenoura no centro de cada uma. Distribua o cozido (preparado como indicado acima) entre os wraps e enrole. Sirva com uma colherada de iogurte natural, se desejar.

porco ao curry verde tailandês

4 porções
Preparo: **10 minutos**
Cozimento: **20 minutos**

2 colheres (sopa) de **azeite**
4 **bifes grossos de pernil** cortados em cubos
2 colheres (sopa) de **curry verde tailandês** (p. 196)
400 ml de **leite de coco**
1 **batata grande** cozida e cortada em cubos
100 g de **vagem**
suco de **limão**
um punhado de **folhas de coentro**

Aqueça o azeite em uma panela grande e refogue a carne de porco por 3-4 minutos, até dourar. Acrescente a pasta de curry verde tailandês e refogue por 1 minuto, até desprender o aroma.

Adicione o leite de coco e a batata, misture e abaixe o fogo. Deixe cozinhar por 10 minutos, junte as vagens e cozinhe por mais 3 minutos.

Tire do fogo, coloque suco de limão a gosto e o coentro e misture bem. Sirva imediatamente com arroz branco.

Variação: porco ao curry vermelho tailandês. Substitua a pasta de curry verde por pasta de curry vermelho. Para prepará-la, coloque 10 pimentas-malaguetas grandes, 2 colheres (chá) de sementes de coentro, um pedaço de gengibre de 5 cm bem picado, 1 talo de capim-limão bem picado, 4 dentes de alho cortados ao meio, 1 cebola pequena picada, 1 colher (chá) de suco de limão e 2 colheres (sopa) de óleo de amendoim no processador e bata até formar uma pasta espessa. Como alternativa, use um pilão para triturar os ingredientes. Transfira a pasta para um recipiente hermético. Pode ser conservada na geladeira por até 3 semanas.

ratatouille de frango

2 porções
Preparo: **15 minutos**
Cozimento: **25 minutos**

2 colheres (sopa) de **azeite**
1 **peito de frango** desossado, sem pele e cortado em pedaços
65 g de **abobrinha** cortada em rodelas finas
75 g de **berinjela** cortada em cubos
150 g de **cebola** cortada à juliana
50 g de **pimentão verde** sem miolo, sem sementes e cortado à juliana
75 g de **cogumelo** fatiado
400 g de **tomate**
2 **dentes de alho** bem picados
1 sachê de **caldo de legumes** em pó
1 colher (chá) de **manjericão seco**
1 colher (chá) de **salsa seca**
½ colher (chá) de **pimenta--do-reino** moída na hora

Aqueça o azeite em uma frigideira grande e refogue os pedaços de peito de frango por 3-4 minutos, até dourarem bem. Junte a abobrinha, a berinjela, a cebola, o pimentão verde e os cogumelos e refogue, mexendo de vez em quando, por 15 minutos, até ficarem macios.

Acrescente os tomates à frigideira e misture com cuidado. Adicione o alho, o caldo em pó, as ervas e a pimenta-do-reino e cozinhe, sem tampar, por 5 minutos, ou até o frango ficar macio. Sirva imediatamente.

Acompanhamento: batata assada com alho e alecrim. No forno preaquecido em temperatura alta (230°C), aqueça 2 colheres (sopa) de azeite em uma assadeira grande. Enquanto isso, descasque 750 g de batata, corte em quartos no sentido do comprimento e seque com papel-toalha. Misture 2 colheres (sopa) de azeite e 2 colheres (sopa) de alecrim picado em uma tigela, acrescente às batatas e mexa bem. Distribua-as na assadeira em uma camada uniforme e leve para assar na parte de cima do forno por 20 minutos. Enquanto isso, corte 4 dentes de alho em lâminas finas. Tire a assadeira do forno e vire as batatas, para assarem por igual. Salpique as lâminas de alho sobre elas e recoloque no forno por mais 5 minutos. Tempere a gosto com sal e pimenta-do-reino e sirva imediatamente com a ratatouille de frango.

tagine de almôndega

4 porções
Preparo: **15 minutos**
Cozimento: **40 minutos**

2 **cebolas** pequenas bem picadas
2 colheres (sopa) de **uva-passa**
750 g de **carne moída**
1 colher (sopa) de **extrato de tomate**
3 colheres (sopa) de **curry em pó**
3 colheres (sopa) de **azeite**
½ colher (chá) de **canela em pó**
625 g de **tomate pelado em lata** picados (p. 58)
suco de ½ **limão**
2 **talos de aipo** cortados grosso
1 **abobrinha** grande ou 2 médias cortadas grosseiramente
175 g de **ervilha congelada**

Junte, em uma tigela, metade das cebolas, as uvas-passas, a carne moída, o extrato de tomate e o curry em pó. Misture bem com as mãos e faça 24 almôndegas.

Aqueça 1 colher (sopa) do azeite em uma frigideira e frite as almôndegas em lotes, virando-as até toda a superfície ficar dourada. Tire o excesso de gordura e recoloque todas as almôndegas na frigideira. Adicione a canela, os tomates e o suco de limão, tampe e mantenha em fogo baixo por 25 minutos, até as almôndegas ficarem no ponto.

Aqueça o restante do azeite em uma frigideira grande e mantenha o aipo e a abobrinha, até amolecerem e começarem a dourar. Adicione as ervilhas e mantenha por mais 5 minutos, até ficarem macias. Antes de servir, junte os vegetais refogados às almôndegas e misture.

Acompanhamento: cuscuz de damasco e coentro. Coloque 200 g de cuscuz marroquino em um recipiente refratário com 50 g de damasco seco picado. Acrescente caldo de legumes fervente até cobrir o cuscuz. Tampe e deixe descansar por 10-12 minutos, até absorver toda a água. Enquanto isso, pique dois tomates grandes e maduros e 2 colheres (sopa) de coentro. Solte o cuscuz com um garfo e coloque em uma travessa preaquecida. Acrescente os tomates e o coentro com 2 colheres (sopa) de azeite e tempere a gosto com sal e pimenta-do-reino. Misture bem e sirva com o tagine.

rolinho picante de porco

4 porções
Preparo: **15 minutos**
Cozimento: **10-12 minutos**

4 **escalopes de carne de porco** (cerca de125-150 g cada um)
1 **cebola** pequena picada
1 **pimenta-malagueta** sem sementes e picada
4 colheres (sopa) de **coentro fresco** picado
raspas e suco de 1 **limão**
1 colher (sopa) de **molho de peixe tailandês**
2 **dentes de alho** amassados
1 colher (chá) de **gengibre ralado**
1 colher (chá) de **cominho**
½ colher (chá) de **coentro seco**
50 ml de **leite de coco**
folhas de hortelã, para decorar

Para o molho
200 ml de **iogurte natural**
4 colheres (sopa) de **hortelã** picada
sal e **pimenta-do-reino** moída na hora

Coloque um escalope entre duas folhas de filme de PVC e bata levemente com um martelo de cozinha até ficar com 5 mm de espessura. Repita com os demais.

Bata os ingredientes restantes no processador até obter uma pasta espessa. Espalhe um quarto da pasta sobre um dos escalopes e enrole. Prenda os rolinhos com palitos de dentes. Repita com os outros três.

Acomode os rolinhos em uma assadeira e leve ao forno preaquecido em temperatura média-alta (200°C) por 10 a 12 minutos, ou até ficarem no ponto.

Misture o iogurte com as folhas de hortelã e tempere a gosto com sal e pimenta-do-reino. Sirva os rolinhos quentes, com uma colherada generosa de molho de iogurte e decorados com a hortelã.

Acompanhamento: molho satay, como alternativa ao molho de iogurte e hortelã. Em uma frigideira pequena, aqueça 1 colher (sopa) de óleo e refogue 1 dente de alho amassado em fogo baixo por 2-3 minutos, até amolecer. Adicione 4 colheres (sopa) de creme de amendoim, 2 colheres (sopa) de amendoim sem sal torrado e moído, ¼ de colher (chá) de pimenta-calabresa em flocos, 1 colher (sopa) de molho de soja, 1 colher (sopa) de suco de limão, 1 colher (chá) de mel e 2 colheres (sopa) de leite de coco e aqueça em fogo baixo, mexendo, até ferver. Sirva morno com os rolinhos de porco.

curry de frango

4 porções
Preparo: **5 minutos**
Cozimento: **20-25 minutos**

3 colheres (sopa) de **azeite**
1 **cebola** bem picada
4 colheres (sopa) de **pasta de curry vermelho** (p. 124)
8 **sobrecoxas de frango** desossadas, sem pele e cortadas em tiras finas
400 g de **tomate pelado em lata** picado (p. 58)
250 g de **brócolis** em buquês pequenos, com os talos fatiados
100 ml de **leite de coco**
sal e **pimenta-do-reino** moída na hora

Aqueça o azeite em uma panela funda e refogue a cebola por 3 minutos, até amolecer. Acrescente a pasta de curry e refogue por mais 1 minuto.

Adicione o frango, os tomates, os brócolis e o leite de coco. Quando levantar fervura, abaixe o fogo, tampe e deixe cozinhar por 15-20 minutos.

Tire do fogo, tempere bem com sal e pimenta-do-reino e sirva imediatamente.

Variação: hambúrguer de frutos do mar ao molho de curry. Siga o primeiro passo da receita acima e então acrescente os tomates, 200 g de espinafre tenro e o leite de coco e cozinhe como indicado. Enquanto isso, passe no processador 375 g de algum peixe de carne branca cortado em pedaços e 175 g de camarão congelado, sem casca e em pedaços. Se preferir, pique bem com uma faca e misture à mão. Transfira para uma tigela, adicione 4 cebolinhas bem picadas, 2 colheres (sopa) de coentro fresco picado, 50 g de farinha de rosca, 1 colher (chá) de suco de limão, 1 ovo batido, sal e pimenta-do-reino a gosto. Misture bem e molde dezesseis hambúrgueres. Passe em 25 g de farinha de rosca. Cubra o fundo de uma frigideira grande com óleo e frite os hambúrgueres em lotes, deixando por 5 minutos de cada lado ou até dourarem. Sirva quente com o molho de curry.

sobrecoxa com pesto fresco

4 porções
Preparo: **15 minutos**
Cozimento: **25 minutos**

1 colher (sopa) de **azeite**
8 **sobrecoxas de frango**
folhas de manjericão picadas, para decorar

Para o pesto
6 colheres (sopa) de **azeite**
50 g de **pinhole** torrado ou outra oleaginosa de sua preferência (p. 18)
50 g de **parmesão** ralado na hora
50 g de **manjericão**
15 g de **salsa**
2 **dentes de alho** picados
sal e **pimenta-do-reino** moída na hora

Aqueça o óleo em uma frigideira antiaderente, em fogo médio, e frite as sobrecoxas com cuidado, virando frequentemente até ficarem no ponto (cerca de 20 minutos).

Bata todos os ingredientes no processador até obter uma pasta, para fazer o pesto.

Tire as sobrecoxas da frigideira e mantenha-as aquecidas. Abaixe o fogo e acrescente o pesto à frigideira. Aqueça por 2-3 minutos.

Despeje o pesto aquecido sobre o frango, decore com manjericão e sirva com tiras de abobrinha e tomates-cereja grelhados.

Acompanhamento: arroz com tomate. Corte ao meio 400 g de tomate-cereja e acomode em uma assadeira antiaderente. Tempere com 2 colheres (sopa) de alho bem picado, sal marinho e pimenta-do-reino a gosto. Leve ao forno preaquecido por 12-15 minutos e então transfira para uma tigela, misturando com 250 g de arroz cozido. Mexa bem e sirva com o frango.

bobotie*

4 porções
Preparo: **10 minutos**, mais o tempo para esfriar
Cozimento: **40 minutos**

2 colheres (sopa) de **azeite**
1 **cebola** picada
2 **dentes de alho** picados
2 colheres (sopa) de **pasta de curry**
500 g de **carne moída**
2 colheres (sopa) de **extrato de tomate**
1 colher (sopa) de **vinagre de vinho branco**
50 g de **uva-passa**
1 **fatia de pão branco** embebida em 3 colheres (sopa) de leite e amassada
4 **ovos** batidos
100 ml de **creme de leite fresco**
sal e **pimenta-do-reino** moída na hora

* O bobotie é um bolo de carne típico sul-africano.

Aqueça o azeite em uma panela e refogue a cebola e o alho, até amolecerem e começarem a dourar. Acrescente a pasta de curry e a carne moída e refogue por 5 minutos, até dourar a carne.

Adicione o extrato de tomate, o vinagre, as uvas--passas e o pão amassado. Tempere com sal e pimenta-do-reino a gosto e transfira para um refratário fundo de tamanho médio.

Misture os ovos e o creme de leite, tempere com sal e pimenta-do-reino a gosto e despeje sobre a carne.

Asse em forno preaquecido em temperatura média (180°C) por 20 minutos, ou até a cobertura ficar firme e bem dourada. Tire do forno e deixe esfriar por 10-15 minutos antes de servir.

Para servir como entrada em um jantar. Divida o refogado de carne em quatro ramequins e despeje os ovos batidos com creme de leite sobre cada um deles. Leve ao forno preaquecido em temperatura média (180°C) por 20-25 minutos, ou até dourar. Enquanto isso, torre fatias finas de pão. Sirva com os boboties.

espetinho de peru ao pesto

4 porções
Preparo: **15 minutos**
Cozimento: cerca de **12 minutos**

- 4 filés de **peito de peru** (cerca de 500 g ao todo)
- 2 colheres (sopa) de **pesto**
- 4 fatias de **presunto cru**
- 125 g de **tomate seco** bem picado
- 125 g de **muçarela** em cubinhos
- 1 colher (sopa) de **azeite**
- **sal** e **pimenta-do-reino** moída na hora
- **salsa picada**, para decorar
- **rodelas de limão-siciliano**, para servir

Coloque um filé de peito de peru entre duas folhas de filme de PVC e bata com um martelo de cozinha até ficar com 1 cm de espessura. Repita com o restante dos filés.

Espalhe o pesto sobre os filés e coloque uma fatia de presunto cru sobre cada um deles. Espalhe os tomates picados e a muçarela e tempere com sal e pimenta-do-reino a gosto. Enrole cada filé começando pelo lado mais comprido, formando rolinhos.

Corte os rolos de peru em fatias de 2,5 cm. Com cuidado, acomode-as em quatro espetos de metal.

Pincele os espetos com azeite e leve à chapa de fogão ou grill elétrico por 6 minutos de cada lado, ou até ficarem bem passados. Aumente ou reduza a temperatura, se necessário, para que os espetos fiquem bem assados e dourados por fora. Decore com salsa picada e sirva quente com rodelas de limão-siciliano.

Para fazer o pesto. Bata 50 g de pinhole (ou nozes), 50 g de manjericão e 2 dentes de alho amassados no processador até obter uma pasta espessa. Como alternativa, use um pilão. Transfira para um recipiente. Misture com 150 g de parmesão ralado fino e 2 colheres (sopa) de suco de limão. Aos poucos, incorpore 150 ml de azeite, batendo bem. Tempere a gosto com sal e pimenta-do-reino.

frango ao coco

4 porções
Preparo: **10 minutos**
Cozimento: **20 minutos**

1 colher (sopa) de **óleo**
1 **cebola** cortada em cubos
1 **pimentão vermelho** sem miolo, sem sementes e cortado em cubos
8 **sobrecoxas de frango** desossadas, sem pele e cortadas em pedaços
200 g de **ervilha-torta**
2 colheres (sopa) de **pasta de curry**
1 colher (chá) de **talo de capim-limão** bem picado
1 colher (chá) de **gengibre** bem picado
2 **dentes de alho** amassados
1 colher (sopa) de **molho de soja**
400 ml de **leite de coco**
um punhado de **manjericão**
sal e **pimenta-do-reino** moída na hora

Aqueça o óleo em uma panela e refogue a cebola e o pimentão por 5 minutos, até amolecerem e começarem a dourar. Junte o frango e refogue por 5 minutos, até ficar bem dourado.

Acrescente as ervilhas-tortas, a pasta de curry, o capim-limão, o gengibre, o alho e o molho de soja e refogue por mais 2-3 minutos. Adicione o leite de coco e misture bem. Tampe e deixe cozinhar em fogo baixo por 5-8 minutos.

Tire do fogo e acerte o tempero, se necessário. Salpique o manjericão e sirva imediatamente com arroz cozido.

Acompanhamento: arroz picante salteado. Em um wok ou frigideira grande, aqueça 2 colheres (sopa) de óleo e quebre 2 ovos, desmanchando a gema e mexendo. Acrescente 250 g de arroz cozido e frio, 3 colheres (chá) de açúcar, 1½ colher (sopa) de molho de soja, 2 colheres (chá) de pimenta-calabresa em flocos e 1 colher (chá) de molho de peixe tailandês e salteie em fogo alto durante 2 minutos. Sirva imediatamente com o frango ao coco, decorado com coentro fresco.

pato com molho de frutas

4 porções
Preparo: **15 minutos**
Cozimento: cerca de
15 minutos

2 **peitos de pato** grandes, desossados, com pele e cortados ao meio no sentido do comprimento
2 colheres (sopa) de **molho de soja**
1 colher (sopa) de **mel**
1 colher (chá) de **gengibre** ralado
1 colher (chá) de **pimenta vermelha** em pó

Para o molho de frutas
1 **manga** madura grande cortada em cubinhos
6-8 **ameixas** cortadas em cubinhos
raspas e suco de 1 **limão**
1 **cebola roxa** picada
1 colher (sopa) de **azeite**
1 colher (sopa) de **hortelã** picada
1 colher (sopa) de **coentro** picado
sal e **pimenta-do-reino** moída na hora

Use uma faca afiada para fazer sulcos na pele do peito de pato, penetrando a camada de gordura, mas não a carne.

Aqueça bem uma frigideira, coloque o peito de pato com a pele para baixo e deixe por 3 minutos, ou até ficar selado e dourado. Vire e deixe por mais 2 minutos. Transfira o peito de pato para uma assadeira, com o lado da pele para cima.

Misture o molho de soja, o mel, o gengibre e a pimenta vermelha em pó e espalhe sobre o pato. Asse em forno preaquecido em temperatura média-alta (200°C) por 6-9 minutos. De acordo com sua preferência, o pato pode ser servido ao ponto ou mais bem passado.

Misture em uma tigela todos os ingredientes do molho e tempere com sal e pimenta-do-reino.

Corte o pato assado em fatias finas e acomode-as em leque nos pratos para servir. Coloque um pouco de molho sobre elas e sirva, oferecendo o restante do molho separadamente.

Acompanhamento: molho de damasco e limão, como alternativa para o molho de manga e ameixa. Em uma tigela, misture 250 g de damasco seco, o suco e as raspas de 1 limão, 1 cebola pequena bem picada, 1 colher (sopa) de gengibre bem picado, 1 colher (sopa) de azeite e 2 colheres (chá) de mel.

talharim de arroz com frango

4 porções
Preparo: **10 minutos**
Cozimento: **10 minutos**

4 filés de **peito de frango** com pele
suco de 2 **limões**
4 colheres (sopa) de **molho de pimenta agridoce tailandês** (p. 74)
250 g de **talharim de arroz**
1 maço pequeno de **salsa** picado
1 maço pequeno de **coentro** picado
½ **pepino** cortado em tiras bem finas com o descascador de legumes
sal e **pimenta-do-reino** moída na hora
pimenta-malagueta bem picada, para decorar

Misture, em um recipiente grande, o frango, metade do suco de limão e o molho de pimenta agridoce e tempere com sal e pimenta-do-reino a gosto.

Coloque um filé de frango entre duas folhas de filme de PVC e bata levemente com um martelo de cozinha, para achatar. Repita com os restantes.

Leve ao grill elétrico ou chapa de fogão canelada por 4-5 minutos de cada lado, até grelhar, deixando por último o lado da pele, para ficar crocante.

Coloque o talharim em um recipiente refratário e cubra com água fervente. Deixe por 10 minutos e escorra. Junte o suco de limão restante, as ervas e o pepino e incorpore bem. Tempere com sal e pimenta-do-reino.

Coloque o frango grelhado sobre o talharim e sirva, decorado com a pimenta-malagueta picada.

Acompanhamento: brócolis salteados com gengibre. Corte os talos de 500 g de brócolis. Divida em buquês e fatie os talos na diagonal. Em uma panela com água fervente e sal, branqueie os brócolis por 30 segundos. Esfrie em água corrente e escorra. Aqueça 2 colheres (sopa) de óleo em uma frigideira, acrescente 1 dente de alho cortado em lâminas e um pedaço de gengibre de 2,5 cm picado e refogue por alguns segundos. Junte os brócolis e salteie em fogo alto por 2 minutos. Regue com 1 colher (chá) de óleo de gergelim e salteie por mais 30 segundos.

caçarola rápida de linguiça e feijão

4 porções
Preparo: **5 minutos**
Cozimento: **25 minutos**

2 colheres (sopa) de **azeite**
16 **minilinguiças***
2 **dentes de alho** amassados
400 g de **tomate pelado em lata** picado (p. 58)
400 g de **feijão-branco** cozido e escorrido
125 g de **feijões mistos** cozidos e escorridos
½ colher (chá) de **tomilho seco**
sal e **pimenta-do-reino** moída na hora
3 colheres (sopa) de **salsa** picada, para decorar

* Se não encontrar, corte 4 linguiças grandes e finas em pedaços de 4 cm.

Aqueça o azeite em uma frigideira e doure bem as linguiças.

Transfira as linguiças para uma panela grande e adicione todos os ingredientes restantes. Leve ao fogo. Quando levantar fervura, abaixe a temperatura, tampe bem e deixe cozinhar por 20 minutos. Tempere com sal e pimenta-do-reino a gosto e sirva quente. Decore com as ervas picadas.

Acompanhamento: purê com mostarda. Em uma panela grande com água fervente e sal, cozinhe 1 kg de batata cortada, até amaciar. Escorra bem e recoloque na panela. Faça um purê com 75 g de manteiga, 3 colheres (sopa) de mostarda de Dijon (p. 88) e 1 dente de alho amassado. Tempere a gosto com sal e pimenta-do-reino. Acrescente 2 colheres (sopa) de salsa picada e um fio de azeite e misture bem. Sirva quente com a caçarola.

frango à jamaicana

4 porções
Preparo: **5 minutos**, mais o tempo para marinar
Cozimento: **12 minutos**

12 **asas de frango** grandes
2 colheres (sopa) de **azeite**
1 colher (sopa) de **jerk***
suco de ½ **limão**
1 colher (chá) de **sal**
salsa picada, para decorar
gomos de limão-siciliano, para servir

* O jerk é um tempero jamaicano que pode ser feito com: 4 colheres (sopa) de pimenta-da-jamaica em pó, 1 colher (sopa) de tomilho seco, 1 colher (sopa) de páprica, 1 colher (sopa) de pimenta vermelha em pó, 1 colher (sopa) de alho em pó, 1 colher (chá) de cebola em pó e ½ colher (chá) de pimenta-do-reino em pó.

Coloque as asas de frango em uma travessa de vidro ou cerâmica. Em um recipiente pequeno, misture o azeite, o jerk, o suco de limão e o sal, despeje sobre as asas de frango e espalhe bem. Cubra e leve para marinar na geladeira por no mínimo 30 minutos, ou até o dia seguinte.

Leve o frango ao grill elétrico ou chapa de fogão, regando na metade do tempo com a marinada, por 6 minutos de cada lado, ou até ficar bem grelhado, macio e levemente tostado nas bordas. Aumente ou abaixe a temperatura, se necessário, para que as asas fiquem bem assadas por dentro. Decore com salsa picada e sirva imediatamente com gomos de limão-siciliano.

Variação: espetinho de cordeiro à jamaicana. Coloque 750 g de cordeiro cortado em pedaços na marinada descrita acima, deixando de um dia para o outro, se possível. Arrume a carne em oito espetos de metal e leve ao grill elétrico ou à churrasqueira para grelhar por 6-8 minutos de cada lado, ou até o ponto de sua preferência.

chilli de carne de porco

4 porções
Preparo: **10 minutos**
Cozimento: **30 minutos**

2 colheres (sopa) de **azeite**
1 **cebola** grande picada
2 **dentes de alho** amassados
1 **pimentão vermelho** sem miolo, sem sementes e cortado em cubos
450 g de **carne de porco moída**
1 **pimenta-malagueta** bem picada
1 colher (chá) de **orégano seco**
500 g de **purê de tomate**
500 g de **feijão-vermelho** cozido e escorrido
sal e **pimenta-do-reino** moída na hora
sour cream, para servir (p. 26)

Aqueça o azeite em uma panela e refogue a cebola, o alho e o pimentão por 5 minutos, até amolecerem e começarem a dourar. Junte a carne de porco moída e refogue por 5 minutos, até dourar.

Acrescente todos os ingredientes restantes e, quando levantar fervura, abaixe o fogo e deixe cozinhar por 20 minutos. Tire do fogo, tempere com sal e pimenta-do-reino e sirva imediatamente com sour cream e arroz cozido ou pão italiano.

Variação: chilli de cordeiro e berinjela. Substitua a carne de porco moída e o pimentão vermelho por 1 berinjela de tamanho médio e 450 g de carne de cordeiro moída. Corte a berinjela em cubinhos e refogue como indicado acima, com a carne de cordeiro. Monte o prato e decore com 2 colheres (sopa) de hortelã picada. Sirva com arroz ou massa.

frango ao molho teriyaki

4 porções
Preparo: **10 minutos**, mais o tempo para marinar
Cozimento: **8 minutos**

1 **peito de frango grande** desossado, sem pele e cortado em tiras
2 colheres (sopa) de **molho de soja**
1 colher (sopa) de **azeite**
2 **cenouras** grandes cortadas à juliana
2 **pimentões vermelhos** sem miolo, sem sementes e cortados à juliana
180 ml de **molho teriyaki**
6 **cebolinhas** picadas (só a parte branca)

Coloque o frango em um recipiente de vidro ou cerâmica, acrescente o molho de soja e misture bem para cobrir. Tampe e deixe marinar em local fresco por 10 minutos.

Aqueça o azeite em uma frigideira grande e salteie o frango na marinada por 2 minutos. Junte as cenouras e os pimentões e refogue por 4 minutos. Acrescente o molho e as cebolinhas e cozinhe um pouco, mexendo, até aquecer. Sirva imediatamente sobre macarrão oriental.

Variação: porco ao molho teriyaki com alho crocante. Substitua o frango por 625 g de carne de porco. Corte em tiras finas e salteie como indicado acima. Para fazer o alho crocante, corte 4 dentes de alho em lâminas finas. Encha uma panela funda com óleo até a altura de 5 cm e aqueça a 180-190°C, ou até um cubo de pão dourar em 30 segundos. Coloque as lâminas de alho e frite até ficarem douradas e crocantes. Tire com uma escumadeira e seque em papel-toalha. Salpique sobre o prato montado.

carne com molho de feijão-preto

4 porções
Preparo: **15 minutos**
Cozimento: **15 minutos**

750 g de **coxão mole** cortado em bifes finos
2 colheres (sopa) de **óleo vegetal**
1 **cebola** cortada à juliana
100 g de **ervilha-torta** cortada ao meio no sentido do comprimento
1 **dente de alho** bem picado
15 g de **gengibre** descascado e bem picado
1 **pimenta-malagueta** pequena bem picada
200 g de **molho chinês de feijão-preto fermentado***
sal e **pimenta-do-reino** moída na hora

* Encontrado em lojas de produtos orientais.

Limpe a carne, eliminando toda a gordura, e corte-a em tiras bem finas, atravessando as fibras. Aqueça metade do óleo em um wok ou frigideira grande, adicione as tiras em lotes e frite até dourarem bem. Transfira para um recipiente.

Aqueça o óleo restante na frigideira e salteie a cebola e as ervilhas-tortas por 2 minutos. Acrescente o alho, o gengibre e a pimenta-malagueta e salteie por mais 1 minuto. Adicione o molho de feijão-preto fermentado e cozinhe, mexendo, por 5 minutos, ou até o molho começar a engrossar. Tempere com sal e pimenta-do-reino a gosto e junte à carne reservada. Sirva imediatamente com arroz no vapor ou arroz chop suey.

Variação: frutos do mar com molho de feijão-preto. Salteie 500 g de camarão grande e 200 g de lula em rodelas em um wok bem quente por 2-3 minutos. Adicione 8 cebolinhas cortadas em rodelas não muito finas e 2 pimentas-malaguetas fatiadas e salteie por mais 2-3 minutos. Acrescente o molho de feijão-preto fermentado e cozinhe por 5 minutos, mexendo sempre. Sirva quente com macarrão oriental.

frango tandoori

4 porções
Preparo: **5 minutos**, mais o tempo para marinar
Cozimento: **25-30 minutos**

8 **coxas de frango**
8 **sobrecoxas de frango**
2 colheres (sopa) de **pasta de curry verde** (p. 196)
2 **dentes de alho** amassados
1 colher (sopa) de **extrato de tomate**
suco de 1 **limão**
75 ml de **iogurte natural**
raspas de limão e **coentro picado**, para decorar

Faça sulcos profundos nos pedaços de frango. Em um recipiente grande de vidro ou cerâmica, misture todos os ingredientes e coloque o frango para marinar. Cubra e leve a marinada à geladeira por no mínimo 30 minutos, ou até o dia seguinte.

Coloque o frango em uma assadeira e leve ao forno preaquecido em temperatura alta (240°C) por 25-30 minutos, até ficar bem macio, completamente assado e um pouco tostado nas bordas. Sirva decorado com raspas de limão e coentro picado.

Variação: salmão tandoori. Use a marinada descrita acima para temperar 4 filés de salmão grossos e sem pele. Cubra e deixe descansar na geladeira por 30-60 minutos. Coloque-os em uma assadeira antiaderente e leve ao forno preaquecido em temperatura média (180°C) por 20 minutos, ou até estarem bem passados. Sirva com arroz branco ou cuscuz marroquino.

frango com molho picante

4 porções
Preparo: **10 minutos**
Cozimento: **6 minutos**

2 **peitos de frango** desossados, sem pele e divididos ao meio
3 colheres (sopa) de **azeite**
sal e **pimenta-do-reino** moída na hora

Para o molho picante de pepino e tomate
1 **cebola roxa** bem picada
2 **tomates** sem sementes e cortados em cubinhos
1 **pepino** cortado em cubinhos
1 **pimenta-malagueta** bem picada
um punhado de **coentro fresco** picado
suco de 1 **limão**

Abra as metades de peito de frango em borboleta com uma tesoura de cozinha. Pincele com azeite e tempere com sal e pimenta-do-reino. Aqueça bem uma chapa para grelhar.

Coloque o peito de frango e deixe por 3 minutos de cada lado, até ficar bem passado e com as marcas da grelha.

Misture a cebola, os tomates, o pepino, a pimenta-malagueta, o coentro e o suco de limão para fazer o molho. Tempere bem com sal e pimenta-do-reino.

Sirva o frango quente com uma boa colherada de molho picante por cima.

Variação: atum grelhado com molho de abacaxi. Prepare e grelhe 4 filés de atum grossos, com cerca de 175 g cada um, como indicado para o frango. Enquanto isso, em uma tigela, misture 6 colheres (sopa) de abacaxi em calda escorrido e cortado em cubos, 1 cebola roxa bem picada, 1 colher (sopa) de gengibre bem picado, 1 pimenta-malagueta bem picada, raspas e suco de 1 limão, 2 colheres (chá) de mel, sal e pimenta-do-reino a gosto. Sirva o molho de abacaxi com o atum grelhado.

frango com ervas

4 porções
Preparo: **15 minutos**
Cozimento: **20 minutos**

250 g de **cream cheese**
um punhado de **cerefólio** bem picado
½ maço de **salsa** bem picada
2 colheres (sopa) de **hortelã** picada
2 **peitos de frango** desossados, divididos ao meio e com pele
200 ml de **vinho branco**
25 g de **manteiga**
sal e **pimenta-do-reino** moída na hora

Misture o cream cheese e as ervas em uma tigela e tempere com sal e pimenta-do-reino.

Levante a pele e recheie cada metade de peito de frango com ¼ do cream cheese temperado. Com cuidado, acomode a pele novamente sobre o recheio. Tempere com sal e pimenta-do-reino a gosto.

Coloque os pedaços de frango em uma assadeira e despeje o vinho ao redor. Pincele-os com manteiga.

Leve ao forno preaquecido em temperatura média (180°C) por 20 minutos, até dourar. Tire do forno e sirva com pão de alho.

Acompanhamento: cenoura caramelizada, como alternativa para o pão de alho. Derreta 25 g de manteiga em uma panela, acrescente 500 g de cenoura (cortada em quartos no sentido do comprimento), uma pitada de açúcar e sal e pimenta--do-reino a gosto. Coloque água suficiente para cobrir as cenouras e cozinhe por 15-20 minutos em fogo baixo, até ficarem macias e o líquido evaporar. Acrescente 2 colheres (sopa) de suco de laranja antes de terminar o cozimento. Sirva com o frango e decore com salsa picada.

torta mexicana

4 porções
Preparo: **10 minutos**
Cozimento: **30 minutos**

2 colheres (sopa) de **azeite**
1 **cebola** bem picada
2 **dentes de alho** amassados
2 **cenouras** cortadas em cubos
250 g de **carne moída**
1 **pimenta-malagueta** bem picada
400 g de **tomate pelado em lata** picado
400 g de **feijão-vermelho** cozido e escorrido
50 g de **chips de tortilha**
100 g de **cheddar curado** ralado
sal e **pimenta-do-reino** moída na hora
salsa ou **coentro** picado, para decorar

Aqueça o azeite em uma panela e refogue a cebola, o alho e as cenouras até amolecerem. Acrescente a carne moída e a pimenta-malagueta e refogue por 5 minutos, até a carne dourar. Adicione os tomates e o feijão, misture bem e tempere com sal e pimenta-do-reino a gosto.

Transfira para uma assadeira, cubra com os chips de tortilha e polvilhe o cheddar. Leve ao forno preaquecido em temperatura média-alta (200°C) por 20 minutos, ou até dourar. Decore com salsa ou coentro picado antes de servir.

Variação: wrap de chilli com guacamole. Siga o primeiro passo da receita acima, depois tampe a panela e apure em fogo baixo por 20 minutos. Enquanto isso, misture em uma tigela a polpa de 2 abacates maduros, 3 colheres (sopa) de suco de limão e amasse um pouco. Acrescente 125 g de tomate sem pele e sem sementes picado, 2 dentes de alho amassados, 40 g de cebolinha picada, 1 colher (sopa) de pimenta-malagueta verde bem picada e 2 colheres (sopa) de coentro picado. Misture bem e tempere a gosto com sal e pimenta-do-reino. Divida o chilli entre quatro tortilhas aquecidas e enrole-as como wrap. Sirva com guacamole e sour cream, se gostar.

cordeiro ao molho de hortelã

4 porções
Preparo: **10 minutos**
Cozimento: **10 minutos**

500 g de **carne de cordeiro moída**
2 colheres (chá) de **curry em pó**
6 colheres (sopa) de **hortelã** bem picada
sal e **pimenta-do-reino** moída na hora

Misture a carne de cordeiro moída, o curry em pó e a hortelã em uma tigela e tempere com sal e pimenta-do-reino a gosto. Com as mãos, amasse para misturar bem. Molde pequenos bolinhos e arrume-os em espetos de metal.

Leve ao forno preaquecido por 10 minutos, virando uma vez. Sirva quente com pão pita, sour cream e gomos de limão. Salpique a hortelã e um pouco de curry em pó.

Acompanhamento: raita de pepino. Corte ½ pepino grande ao meio no sentido do comprimento, retire as sementes e fatie finamente as duas metades. Em uma tigela, misture o pepino com 250 ml de iogurte natural, 1 colher (sopa) de hortelã picada e 1 colher (sopa) de coentro picado. Tempere a gosto com sal e pimenta-do-reino. Torre 2 colheres (sopa) de semente de cominho, até desprender o aroma. Espalhe sobre o molho raita e sirva imediatamente.

peixes e frutos do mar

sopa cremosa de mexilhão

4 porções
Preparo: **15 minutos**
Cozimento: cerca de **8 minutos**

- 1,5 kg de **mexilhão** vivo e fresco
- 1 colher (sopa) de **manteiga**
- 1 **cebola** bem picada
- 6 **dentes de alho** bem picados
- 100 ml de **vinho branco**
- 150 ml de **creme de leite**
- um punhado de **salsa** picada grosseiramente
- **sal** e **pimenta-do-reino** moída na hora

Esfregue os mexilhões sob água corrente, eliminando quaisquer detritos aderidos à concha, e remova as barbinhas escuras. Descarte os que estiverem com a concha quebrada e os que estiverem abertos e não fecharem com uma pancadinha na concha.

Derreta a manteiga em uma panela grande e refogue a cebola e o alho por 2-3 minutos, até a cebola ficar transparente e amolecer.

Aumente o fogo e acrescente os mexilhões e o vinho. Tampe e deixe cozinhar por 3 minutos, ou até as conchas abrirem. Descarte as que permanecerem fechadas.

Junte o creme de leite e espere aquecer, mexendo bem. Acrescente a salsa, tempere com sal e pimenta-do-reino e sirva em cumbucas grandes, com pão italiano.

Variação: mexilhão no molho de tomate picante. Refogue a cebola e o alho em 1 colher (sopa) de azeite, com 1 pimenta-malagueta sem sementes e picada. Acrescente 1 colher (chá) de páprica e refogue por 1 minuto. Junte 400 g de tomate pelado em lata picado. Tempere a gosto com sal e pimenta-do-reino, tampe e deixe cozinhar em fogo baixo por 15 minutos. Enquanto isso, limpe os mexilhões como indicado acima. Coloque-os no molho de tomate e aumente o fogo. Tampe e deixe cozinhar por 3 minutos, ou até as conchas se abrirem. Descarte as que permanecerem fechadas. Salpique a salsa e sirva como sugerido acima.

camarão com pak choi

4 porções
Preparo: **10 minutos**, mais o tempo para marinar
Cozimento: cerca de **3 minutos**

600 g de **camarão grande** congelado e descascado
1 colher (chá) de **óleo de gergelim**
2 colheres (sopa) de **molho de soja light**
1 colher (sopa) de **mel**
1 colher (chá) de **gengibre** ralado
1 colher (chá) de **alho** espremido
1 colher (sopa) de suco de **limão**
500 g de **pak choi** (couve--chinesa)
2 colheres (sopa) de **óleo vegetal**
sal e **pimenta-do-reino** moída na hora

Coloque os camarões em uma tigela de vidro ou cerâmica. Junte o óleo de gergelim, o molho de soja, o mel, o gengibre, o alho e o suco de limão. Tempere com sal e pimenta-do-reino e misture bem. Deixe marinar por 5-10 minutos.

Corte os maços de pak choi ao meio no sentido do comprimento e branqueie por 40-50 segundos em uma panela grande com água fervente. Escorra bem, cubra e mantenha aquecido.

Aqueça o olho vegetal em um wok ou frigideira grande e salteie os camarões na marinada por 2 minutos em fogo alto, até aquecerem bem.

Divida o pak choi em quatro pratos e, por cima, coloque os camarões e os sucos do wok. Sirva ainda quente.

Variação: frango ao gergelim com brócolis e pimentão vermelho. Substitua os camarões por 600 g de filé de peito de frango cortado em tiras. Junte os ingredientes da marinada conforme indicado acima, cubra e deixe na geladeira por 1-2 horas. Enquanto isso, remova as pontas dos talos de 400 g de brócolis. Divida os maços em pequenos buquês. Descasque os talos e fatie na diagonal. Branqueie os buquês e os talos durante 30 segundos em uma panela com água fervente e sal. Esfrie em água corrente e escorra. Tire o miolo e as sementes de 1 pimentão vermelho grande e corte à juliana. Aqueça o óleo em um wok ou frigideira grande e salteie o frango na marinada por 2 minutos em fogo alto. Junte os brócolis e o pimentão vermelho e salteie por mais 2 minutos. Sirva quente.

escondidinho de ovo com salmão

4 porções
Preparo: **5 minutos**
Cozimento: **10-15 minutos**

200 g de **lâminas de salmão defumado**
2 colheres (sopa) de **cebolinha-francesa** picada
4 **ovos**
pimenta-do-reino moída na hora
4 colheres (sopa) de **creme de leite fresco**
pão torrado, para servir

Distribua o salmão defumado e as cebolinhas em quatro ramequins untados com manteiga. Com a parte de trás de uma colher, faça uma pequena cavidade no salmão e nela quebre um ovo. Salpique um pouco de pimenta-do-reino e acrescente uma colherada de creme de leite.

Coloque os ramequins em uma assadeira funda coberta até a metade com água fervente. Leve ao forno preaquecido em temperatura média (180°C) por 10-15 minutos, até os ovos ficarem firmes. Tire do forno e deixe esfriar por alguns minutos. Sirva com o pão torrado.

Acompanhamento: torrada melba. Torre levemente quatro fatias de pão de ambos os lados. Com as torradas ainda quentes, remova as cascas e divida cada uma ao meio na direção da largura. Acomode-as em uma assadeira e leve ao forno com os ramequins, até ficarem bem secas.

espetinho de peixe com purê

4 porções
Preparo: **15 minutos**, mais o tempo para marinar
Cozimento: **18-20 minutos**

600 g de **pintado** sem pele e cortado em cubos de 2,5 cm
125 ml de **iogurte natural**
1 colher (chá) de **alho** espremido
1 colher (chá) de **gengibre** ralado
1 colher (chá) de **pimenta vermelha em pó**
1 colher (sopa) de **coentro**
1 colher (sopa) de **cominho**
sal e **pimenta-do-reino** moída na hora

Para o purê com cebolinha
6 **batatas** grandes cortadas em cubos
150 ml de **creme de leite fresco**
4 colheres (sopa) de **folhas de coentro** bem picadas
1 **pimenta-malagueta** cortada em rodelas
4 **cebolinhas** cortadas em rodelas finas
sal e **pimenta-do-reino** moída na hora

Coloque os cubos de peixe em uma travessa. Em um recipiente, misture o iogurte, o alho, o gengibre, a pimenta vermelha em pó, o coentro e o cominho. Tempere com sal e espalhe sobre o peixe. Cubra e deixe marinar enquanto prepara o purê.

Cozinhe as batatas em uma panela grande com água fervente e sal durante 10 minutos. Escorra, recoloque na panela, amasse e adicione o creme de leite. Continue amassando até o purê ficar cremoso, então acrescente as folhas de coentro, a pimenta-malagueta e a cebolinha picadas. Tempere com sal e pimenta-do-reino a gosto, cubra e reserve.

Aqueça o grill elétrico ou a chapa de fogão em temperatura máxima. Coloque os cubos de peixe em quatro espetos de metal e grelhe por 8-10 minutos, virando uma vez. Sirva com o purê e salada verde.

Acompanhamento: purê com espinafre, como alternativa. Enquanto cozinha as batatas, aqueça 2 colheres (sopa) de óleo em uma panela e refogue 1 cebolinha (só a parte branca) e 1 dente de alho, ambos picados, por 5 minutos. Acrescente 500 g de espinafre picado e refogue por 2 minutos, ou até começar a murchar. Acrescente 1 colher (chá) de gengibre ralado. Amasse as batatas com o espinafre refogado e 4 colheres (sopa) de leite. Tempere com sal e pimenta-do-reino.

cavala com salada de abacate

4 porções
Preparo: **10 minutos**
Cozimento: **6-8 minutos**

8 **filés de cavala**
2 **limões-sicilianos**, mais alguns gomos para servir
sal e **pimenta-do-reino** moída na hora

Para a salada de abacate
2 **abacates** picados em cubos
suco e raspas de 1 **limão**
1 **cebola roxa** bem picada
½ **pepino** bem picado
um punhado de **folhas de coentro** bem picadas

Faça três cortes diagonais em cada filé de cavala, do lado da pele, e tempere bem com sal e pimenta-do-reino. Esprema o suco dos dois limões sobre o peixe.

Acomode os filés em uma assadeira com grelha, com o lado da pele para cima, e leve ao forno preaquecido por 6-8 minutos, até a pele ficar um pouco tostada e o peixe, cozido.

Misture os abacates, o suco e as raspas de limão, a cebola, o pepino e o coentro, para fazer a salada. Mexa bem e tempere com sal e pimenta-do-reino a gosto.

Sirva o peixe quente com a salada de abacate e os gomos de limão.

Variação: sardinha grelhada com molho de tomate. Substitua os filés de cavala por 12 sardinhas inteiras, limpas e sem as vísceras e deixe-as grelhar por 4-5 minutos de cada lado. Enquanto isso, bata no processador 4 cebolinhas picadas (só a parte branca), 2 colheres (sopa) de suco de limão, 250 g de tomate maduro sem pele, sem sementes e picado, ½ tomate seco picado, 1 pimenta-malagueta sem sementes e picada e 3 colheres (sopa) de coentro picado, até misturar bem. Sirva as sardinhas quentes com o molho.

salmão com abobrinha ao limão

4 porções
Preparo: **10 minutos**
Cozimento: **10-15 minutos**

4 **filés de salmão** (cerca de 200 g cada)
1 colher (sopa) de **mostarda de Dijon** (p. 38)
1 colher (chá) de **gengibre** ralado
1 colher (chá) de **alho** espremido
2 colheres (chá) de **mel**
1 colher (sopa) de **molho de soja light** ou **tamari**
sal e **pimenta-do-reino** moída na hora

Para a abobrinha ao limão
2 colheres (sopa) de **azeite**
500 g de **abobrinha** cortada em fatias finas no sentido do comprimento
suco e raspas de 1 **limão**
2 colheres (sopa) de **hortelã** picada

Acomode os filés de salmão com a pele para baixo em uma travessa refratária em uma única camada. Em um recipiente, misture a mostarda, o gengibre, o alho, o mel e o molho de soja e despeje sobre os filés. Tempere com sal e pimenta-do-reino.

Leve os filés de salmão para grelhar na chapa de fogão durante 10-15 minutos, até estarem no ponto.

Aqueça o azeite em uma frigideira e refogue as abobrinhas por 5-6 minutos. Misture o suco e as raspas de limão e a hortelã e tempere com sal e pimenta-do-reino. Sirva o salmão quente com as abobrinhas.

Acompanhamento: vagem salteada, como alternativa para a abobrinha ao limão. Corte 500 g de vagem em pedaços de 5 cm de comprimento. Aqueça 2 colheres (sopa) de óleo vegetal em uma frigideira grande ou wok, acrescente 2 dentes de alho amassados, 1 colher (chá) de gengibre ralado e 2 cebolas pequenas cortadas em rodelas finas e refogue em fogo médio por 1 minuto. Junte as vagens e ½ colher (chá) de sal e salteie em fogo alto por 1 minuto. Acrescente 1 colher (sopa) de molho de soja light e 150 ml de caldo de galinha ou de legumes e deixe ferver. Quando levantar fervura, abaixe o fogo e cozinhe, mexendo sempre, por mais 4 minutos, ou até as vagens amolecerem e o molho engrossar. Tempere com pimenta-do-reino moída na hora e sirva ainda quente com o salmão.

lula frita com salada de salsa

4 porções
Preparo: **15 minutos**, mais o tempo para reservar
Cozimento: cerca de **5 minutos**

150 g de **farinha de grão-de-bico**
1 ½ colher (chá) de **páprica**
1 ½ colher (chá) de **cominho**
½ colher (chá) de **fermento em pó**
¼ de colher (chá) de **pimenta-do-reino** moída na hora
250 ml de **água com gás**
óleo vegetal, para fritar
6 **lulas inteiras** limpas e cortadas em anéis de 1 cm
sal

Para a salada de salsa
4 colheres (sopa) de suco de **limão**
4 colheres (sopa) de **azeite**
2 **dentes de alho** picados
20 g de **folhas de salsa**
1 **cebola roxa** cortada em meias rodelas finas
2 **tomates** picados

Peneire a farinha, a páprica, o cominho e o fermento em uma tigela, acrescente a pimenta-do-reino e agregue-os. Faça uma cova no meio. Pouco a pouco, adicione a água com gás e misture até formar uma massa homogênea. Tempere com sal. Reserve por 30 minutos.

Misture o suco de limão, o azeite e o alho, para fazer o molho da salada. Coloque óleo em uma panela funda até um terço da sua capacidade e aqueça a uma temperatura capaz de fazer um cubo de pão dourar em 30 segundos. Mergulhe os anéis de lula na massa e frite em lotes por 30-60 segundos. Retire e coloque sobre papel-toalha.

Acrescente a salsa, a cebola roxa e os tomates ao molho e misture bem. Sirva imediatamente com as lulas.

Variação: lula frita com pimenta-malagueta. Abra as lulas fazendo um corte na lateral do corpo e coloque-as com a parte interna para cima sobre uma tábua. Usando uma faca afiada, faça sulcos em forma de cruz. Corte os tentáculos em pedacinhos. Em uma tigela, misture 2 colheres (sopa) de azeite, 3 dentes de alho amassados, 1 pimenta-malagueta bem picada e 4 colheres (sopa) de suco de limão. Acrescente as lulas, cubra e deixe marinar em local fresco por 15 minutos. Retire as lulas da marinada e tempere com sal e pimenta-do-reino a gosto. Aqueça 2 colheres (sopa) de azeite em uma frigideira grande até começar a sair fumaça e então refogue as lulas em fogo alto por 2-3 minutos, até dourarem. Coe a marinada e despeje na frigideira com 2 colheres (sopa) de folhas de salsa.

bolinho de camarão e caranguejo

4 porções
Preparo: **15 minutos**, mais o tempo para resfriar
Cozimento: **15 minutos**

350 g de **carne de caranguejo** cozida congelada
suco e raspas de 1 **limão**
4 **cebolinhas** picadas
1 **pimenta-malagueta** sem sementes e bem picada
1 colher (chá) de **gengibre** ralado
1 colher (chá) de **alho** espremido
3 colheres (sopa) de **coentro** picado
3 colheres (sopa) de **maionese**
125 g de **migalhas de pão**
200 g de **camarão** congelado e sem casca
sal e **pimenta-do-reino** moída na hora
óleo vegetal, para fritar

Para a geleia de pimenta
2 **pimentas-malaguetas** sem sementes e cortadas em cubinhos
6 colheres (sopa) de **açúcar**

Bata a carne de caranguejo, o suco e as raspas de limão, as cebolinhas, a pimenta-malagueta, o gengibre, o alho, o coentro, a maionese e as migalhas de pão no processador. Transfira a mistura para uma tigela. Pique os camarões descongelados e junte ao preparado com sal e pimenta-do-reino a gosto. Cubra e leve à geladeira.

Coloque os ingredientes da geleia de pimenta em uma panela pequena e leve ao fogo baixo. Quando começar a ferver, apure por 4-5 minutos, até o açúcar dissolver e a mistura engrossar. Deixe esfriar.

Faça doze bolinhos com a mistura de camarão.

Aqueça o azeite em uma frigideira e frite os bolinhos por 3-4 minutos de cada lado, até dourarem. Retire e coloque sobre papel-toalha. Sirva a geleia de pimenta sobre os bolinhos ou separadamente. Decore com folhas de coentro.

Acompanhamento: molho de coentro e coco, como alternativa para a geleia de pimenta. Bata 250 ml de leite de coco, 2 colheres (sopa) de creme de amendoim, 2 cebolinhas bem picadas (só a parte branca), 1 dente de alho amassado, 1 pimenta verde bem picada, 2 colheres (sopa) de coentro, 1 colher (sopa) de suco de limão e 1 colher (chá) de açúcar no processador, até obter uma mistura homogênea.

truta com molho de pepino

4 porções
Preparo: **10 minutos**
Cozimento: **10-12 minutos**

4 **trutas** limpas e sem as vísceras
1 colher (sopa) de **óleo de gergelim**
pimenta-de-sichuan* triturada a gosto
sal

Para o molho de pepino
1 **pepino** (cerca de 20 cm de comprimento)
2 colheres (chá) de **sal**
4 colheres (sopa) de **vinagre de arroz**
3 colheres (sopa) de **açúcar**
1 **pimenta-malagueta** sem sementes e fatiada
um pedaço de **gengibre** de 3 cm ralado
4 colheres (sopa) de **água fria**
cebolinha picada e gomos de **limão-siciliano**, para decorar

* De origem asiática, tem um suave sabor cítrico. Recomenda-se torrar levemente, para intensificar o sabor. Pode ser encontrada em lojas de produtos orientais e atacados cerealistas.

Corte o pepino ao meio no sentido do comprimento, descarte as sementes e pique a polpa em fatias de 1 cm. Coloque em um recipiente de vidro ou cerâmica. Em uma tigela pequena, junte o sal, o vinagre, o açúcar, a pimenta-malagueta e o gengibre; acrescente a água e misture bem. Despeje sobre o pepino, cubra e deixe marinar em temperatura ambiente enquanto prepara as trutas.

Pincele as trutas com o óleo de gergelim e tempere a gosto com pimenta-de-sichuan e sal. Acomode-as em uma assadeira com grelha e leve ao forno preaquecido em temperatura média-alta (200°C) por 5-6 minutos de cada lado. Deixe descansar por alguns minutos, decore com as cebolinhas picadas e sirva com o molho de pepino e os gomos de limão-siciliano.

Variação: truta com molho de amêndoa. Pincele as trutas com uma colher (sopa) de azeite e tempere a gosto com sal e pimenta-do-reino. Enquanto grelha as trutas, conforme indicado acima, torre 125 g de amêndoa moída em fogo médio, mexendo sempre, até começar a dourar. Tire do fogo, adicione 6 colheres (sopa) de azeite, 4 colheres (sopa) de suco de limão e 2 colheres (sopa) de salsa picada e tempere com sal e pimenta-do-reino a gosto. Mexa bem e recoloque a panela no fogo por 2 minutos. Despeje o molho sobre as trutas grelhadas, decore com ramos de salsa e sirva imediatamente.

tortinha de peixe e camarão

4 porções
Preparo: **10 minutos**
Cozimento: **20-25 minutos**

750 g de **filé de peixe** de carne branca sem pele
100 g de **camarão** congelado e sem casca
100 g de **ervilha congelada**
suco e raspas de 1 **limão**
600 ml de **molho branco** pronto
1 maço de **endro** picado
8 lâminas de **massa filo**
manteiga em temperatura ambiente, para pincelar
sal e **pimenta-do-reino** moída na hora

Corte o peixe em pedaços grandes e coloque em um recipiente com os camarões e as ervilhas já descongelados. Acrescente o suco e as raspas de limão, junte o molho branco e o endro e tempere bem com sal e pimenta-do-reino.

Coloque o preparado de peixe em quatro fôrmas individuais. Cubra a superfície de cada tortinha com 2 lâminas de massa filo, acomodando-as com firmeza. Pincele a massa com manteiga.

Asse em forno preaquecido em temperatura média-alta (200°C) por 20-25 minutos, até a massa dourar e o peixe ficar no ponto.

Variação: torta de batata e frutos do mar. Prepare o recheio de peixe conforme indicado acima, substituindo o endro por 2 colheres (sopa) de salsa picada. Coloque em uma travessa. Em uma panela com água fervente, cozinhe 800 g de batata cortada, até amolecer. Enquanto isso, coloque 2 ovos em outra panela e leve ao fogo. Quando levantar fervura, deixe cozinhar por 10 minutos e esfrie em água corrente. Descasque os ovos e corte ao meio no sentido do comprimento. Escorra as batatas e amasse-as com 2 colheres (sopa) de manteiga. Tempere bem com sal e pimenta-do-reino. Disponha, pressionando com cuidado, as metades de ovo sobre o recheio e cubra com o purê. Asse em forno preaquecido em temperatura média-alta (200°C) por 20-25 minutos, até a superfície começar a dourar.

curry cremoso de camarão

4 porções
Preparo: **10 minutos**
Cozimento: cerca de **10 minutos**

2 colheres (sopa) de **óleo vegetal**
1 **cebola** cortada em meias rodelas finas
2 **dentes de alho** cortados em lâminas finas
um pedaço de **gengibre** de 2,5 cm bem picado
1 colher (sopa) de **coentro** moído
1 colher (sopa) de **cominho** moído
½ colher (chá) de **cúrcuma**
200 ml de **leite de coco**
125 ml de **caldo de legumes**
600 g de **camarão grande** descascado, pré-cozido e congelado
suco e raspas de 1 **limão**
4 colheres (sopa) de **folhas de coentro** bem picadas
sal e **pimenta-do-reino** moída na hora

Aqueça o óleo em uma panela grande e refogue a cebola, o alho e o gengibre por 4-5 minutos. Junte o coentro moído, o cominho e a cúrcuma e refogue por mais 1 minuto.

Acrescente o leite de coco e o caldo de legumes; quando levantar fervura, abaixe o fogo e deixe cozinhar por 2-3 minutos. Junte os camarões já descongelados, o suco e as raspas de limão e mantenha por mais 2 minutos, ou até aquecer bem os camarões.

Misture as folhas de coentro picadas e tempere com sal e pimenta-do-reino. Sirva imediatamente com arroz branco ou jasmim.

Acompanhamento: arroz condimentado com coco, como alternativa para o arroz branco. Enxágue 2 xícaras de arroz em água corrente, até a água sair clara. Escorra e coloque em uma panela grande de fundo grosso. Dissolva 200 ml de leite de coco em 550 ml de água fervente e acrescente ao arroz com um pedaço de 7 cm de talo de capim-limão cortado ao meio no sentido do comprimento, dois pedaços de 2,5 cm de canela em pau, 1 colher (chá) de sal e pimenta-do-reino a gosto. Leve ao fogo e, quando ferver, tampe e deixe cozinhar por 10 minutos, até reduzir quase todo o líquido. Desligue o fogo e reserve por 10 minutos, até o arroz ficar macio. Solte com um garfo antes de servir com o curry de camarão.

salmão com vegetais assados

4 porções
Preparo: **10 minutos**
Cozimento: **25 minutos**

1 **berinjela** cortada em pedaços
2 **pimentões vermelhos** sem miolo, sem sementes e cortados em pedaços
2 **cebolas roxas** cortadas em quartos
1 **dente de alho** amassado
4 colheres (sopa) de **azeite**
uma pitada de **orégano seco**
200 g de **salmão em conserva** escorrido e desfiado
100 g de **azeitona preta** sem caroço
sal e **pimenta-do-reino** moída na hora
folhas de manjericão, para decorar

Misture a berinjela, os pimentões, as cebolas e o alho com o azeite e o orégano e tempere bem com sal e pimenta-do-reino.

Espalhe os vegetais em uma assadeira antiaderente, em uma única camada, e leve ao forno preaquecido em temperatura alta (220°C) por 25 minutos.

Transfira os vegetais para uma travessa preaquecida e junte o salmão e as azeitonas, misturando bem. Sirva quente ou em temperatura ambiente, decorado com as folhas de manjericão.

Acompanhamento: cuscuz de rúcula e pepino. Coloque 200 g de cuscuz marroquino em um recipiente refratário grande. Tempere bem com sal e pimenta-do-reino e despeje água fervente até cobrir. Tampe e deixe por 10-12 minutos, até absorver toda a água. Enquanto isso, pique 4 cebolinhas (só a parte branca), ½ pepino sem sementes e 75 g de rúcula. Solte o cuscuz com um garfo e coloque em uma travessa preaquecida. Adicione 2 colheres (sopa) de azeite e 1 colher (sopa) de suco de limão aos ingredientes preparados. Misture bem e sirva com o salmão e os vegetais.

espaguete com atum à niçoise

4 porções
Preparo: **10 minutos**
Cozimento: **10 minutos**

4 **ovos**
350 g de **espaguete**
3 latas de **atum** ao natural
100 g de **vagem** sem as pontas e branqueada
50 g de **azeitona preta** sem caroço
100 g de **tomate seco**
1 colher (chá) de **raspas de limão**
2 colheres (sopa) de **suco de limão**
3 colheres (sopa) de **alcaparra**
sal e **pimenta-do-reino** moída na hora

Coloque os ovos em uma panela com água fria e leve ao fogo. Quando levantar fervura, deixe cozinhar por 10 minutos e então esfrie em água corrente. Descasque, pique grosseiramente e reserve.

Cozinhe a massa em uma panela com água fervente e sal até ficar *al dente*.

Misture, em uma tigela, o atum, as vagens, as azeitonas, os tomates secos, as raspas e o suco de limão e as alcaparras. Tempere com pimenta-do-reino a gosto.

Escorra o espaguete e recoloque na panela. Junte a mistura de atum e mexa com cuidado. Sirva imediatamente, decorado com os ovos picados.

Variação: arroz com atum, ervilha e milho-verde. Cozinhe 200 g de arroz basmati em uma panela com água fervente e sal, por 12-15 minutos. Esfrie em água corrente e escorra. Cozinhe os ovos como indicado acima, descasque-os e corte em quartos. Em uma panela separada, cozinhe 100 g de milho-verde congelado e 100 g de ervilha congelada por 5 minutos, ou até amolecer. Esfrie em água corrente e escorra. Em uma tigela grande, misture o arroz, o milho-verde e as ervilhas com o atum e as azeitonas, como indicado acima, e 2 colheres (sopa) de manjericão picado. Bata 2 colheres (sopa) de suco de limão, 1 colher (sopa) de azeite e 1 dente de alho amassado, acrescente ao arroz e misture bem. Sirva decorado com os ovos.

sardinha grelhada à marroquina

4 porções
Preparo: **10 minutos**
Cozimento: **6-8 minutos**

12 **sardinhas** limpas e sem as vísceras
2 colheres (sopa) de **harissa** (pasta de pimenta)
2 colheres (sopa) de **azeite**
suco de 1 **limão-siciliano**
sal grosso e **pimenta-do--reino** moída na hora
coentro picado, para decorar
gomos de limão-siciliano, para servir

Aqueça o forno em temperatura máxima. Enxágue as sardinhas e seque com papel-toalha. Com uma faca afiada, faça 3 cortes profundos de ambos os lados de cada uma.

Misture a harissa com o azeite e o suco de limão para fazer uma pasta não muito espessa. Espalhe nas sardinhas por completo e coloque-as em uma assadeira untada com pouco óleo. Leve para grelhar por 3-4 minutos de cada lado, dependendo do tamanho, ou até ficarem no ponto. Tempere a gosto com sal e pimenta-do-reino e sirva imediatamente, com coentro e gomos de limão-siciliano.

Variação: sardinha assada com pesto. Forre uma travessa refratária com 2 tomates e 2 cebolas, ambos cortados em rodelas. Prepare as sardinhas conforme indicado acima e então espalhe 4 colheres (sopa) de pesto sobre os peixes. Acomode-os em uma única camada sobre os tomates e as cebolas. Cubra com papel-alumínio e leve ao forno preaquecido em temperatura média-alta (200°C) por 20-25 minutos, ou até as sardinhas estarem no ponto.

sopa tailandesa de mexilhão

4 porções
Preparo: **20 minutos**
Cozimento: cerca de **10 minutos**

2 kg de **mexilhão** fresco
600 ml de **caldo de legumes**
400 ml de **leite de coco**
suco e raspas **de 2 limões**
2 talos de **capim-limão** ligeiramente amassados, mais alguns talos para decorar (opcional)
1 colher (sopa) de **pasta de curry verde tailandês**
3 **pimentas-malaguetas** sem sementes e cortadas em fatias finas, mais 1 para decorar (opcional)
4 colheres (sopa) de **folhas de coentro** picadas, mais algumas folhas para decorar (opcional)
2 **cebolinhas** picadas
sal e **pimenta-do-reino** moída na hora

Esfregue os mexilhões sob água corrente, eliminando detritos aderidos à concha, e remova as barbinhas escuras. Descarte os que estiverem com a concha quebrada.

Coloque o caldo de legumes e o leite de coco em uma panela e leve ao fogo. Quando começar a ferver, acrescente o suco e as raspas de limão, o capim-limão, a pasta de curry, a pimenta-malagueta, o coentro e as cebolinhas. Tempere com sal e pimenta-do-reino.

Adicione os mexilhões, tampe e, quando levantar fervura, deixe cozinhar por 3-4 minutos, ou até as conchas abrirem. Descarte as que continuarem fechadas. Divida os mexilhões entre quatro cumbucas, mantendo o caldo do cozimento na panela, e conserve quente até servir.

Aumente o fogo e continue apurando o molho por 5 minutos, ou até reduzir. Coe e sirva sobre os mexilhões. Decore com pimenta-malagueta picada, folhas de coentro e talos de capim-limão.

Para fazer a pasta de curry verde tailandês. Bata no liquidificador 15 pimentas verdes, 4 dentes de alho, 2 talos de capim-limão picados, 2 folhas de limão rasgadas, 2 cebolas pequenas picadas, 50 g de folhas, talos e raízes de coentro, 2,5 cm de gengibre picado, 2 colheres (chá) de pimenta-do-reino em grãos, 1 colher (chá) de casca de limão, ½ colher (chá) de sal e 1 colher (sopa) de óleo de amendoim, até obter uma pasta espessa. Guarde em recipiente hermético por até 3 semanas.

sobremesas

abacaxi com calda de limão e pimenta

4 porções
Preparo: **10 minutos**, mais o tempo para esfriar
Cozimento: **10 minutos**

1 **abacaxi** pequeno
100 g de **açúcar**
100 ml de **água**
3 **pimentas-malaguetas** sem sementes e bem picadas
raspas e suco de 1 **limão**

Corte o abacaxi ao meio ou em quartos, retire o miolo e depois fatie cada pedaço em lâminas finas.

Coloque o açúcar em uma panela com água e aqueça lentamente até dissolver. Junte as pimentas-malaguetas e deixe ferver, até o líquido atingir consistência de calda. Deixe esfriar. Acrescente as raspas e o suco de limão.

Coloque as fatias de abacaxi em um prato e regue com a calda. Sirva frio, com uma bola de sorvete, se desejar.

Variação: pera com calda de canela. Descasque 4 peras maduras, corte em quartos e retire o miolo. Em uma panela, coloque água até cobri-las; acrescente o açúcar como indicado acima, com as raspas e o suco de limão, 1 canela em pau e 6 cravos-da-índia. Cozinhe, mexendo de vez em quando, por 10 minutos, ou até amolecer. Tire as peras com uma escumadeira e reserve. Deixe apurar em fogo alto até adquirir consistência de calda. Espere esfriar e sirva sobre as peras.

waffle de frutas vermelhas

4 porções
Preparo: **5 minutos**
Cozimento: **1-2 minutos**

15 g de **manteiga**
250 g de **mix de frutas vermelhas** (mirtilo, amora, framboesa ou outras)
1 colher (sopa) de **açúcar**
2 colheres (sopa) de **conhaque** ou **saquê**
4 **waffles**
4 colheres (sopa) de **creme de leite fresco**

Derreta a manteiga em uma frigideira antiaderente, adicione as frutas, o açúcar e o conhaque e cozinhe em fogo alto, mexendo com cuidado, por 1-2 minutos.

Torre ou aqueça os waffles, seguindo as instruções da embalagem, ou siga a receita abaixo. Coloque uma unidade em cada prato e, por cima, uma boa colherada da compota de frutas vermelhas. Finalize com uma colher (sopa) de creme de leite fresco. Sirva imediatamente.

Para fazer a massa de waffle. Peneire 125 g de farinha de trigo, 1 colher (sopa) de fermento em pó e uma pitada de sal em uma tigela. Faça uma cova no centro e incorpore 2 ovos e 150 ml de leite. Misture até obter uma massa espessa e homogênea. Imediatamente antes de assar, acrescente 3 colheres (sopa) de manteiga derretida, mas não quente. Aqueça uma máquina de waffle (com óleo, se necessário). Despeje a massa cobrindo bem o nicho, feche e deixe por 1 minuto. Tire o waffle e reserve. Repita com o restante da massa.

tortinha de pêssego

4 porções
Preparo: **15 minutos**
Cozimento: **20-25 minutos**

375 g de **massa folhada aberta**
100 g de **marzipã**
12 metades de **pêssego em calda** escorridas
açúcar mascavo, para polvilhar
geleia de pêssego, para glaçar

Corte quatro círculos de massa com a ajuda de um pires de aproximadamente 8 cm de diâmetro. Com uma faca afiada, marque uma linha a cerca de 1 cm da borda de cada círculo de massa.

Abra o marzipã até ficar com 2,5 mm de espessura e corte quatro círculos que caibam no interior dos círculos marcados. Acomode os círculos de massa em uma assadeira, coloque um círculo de marzipã no centro de cada um e, sobre eles, três metades de pêssego. Polvilhe um pouco de açúcar.

Coloque a assadeira sobre uma segunda assadeira preaquecida (isso ajuda a deixar a base da massa crocante) e leve ao forno preaquecido em temperatura média-alta (200°C) por 20-25 minutos, até a massa crescer e dourar e os pêssegos ficarem levemente caramelizados nas bordas. Pincele o recheio das tortinhas com geleia de pêssego para glaçar. Sirva imediatamente.

Variação: tortinha de banana com cream cheese ao rum. Siga a receita acima, substituindo os pêssegos por 2 bananas cortadas em rodelas grossas. Enquanto as tortinhas estiverem assando, misture 4 colheres (sopa) de cream cheese, 2 colheres (sopa) de rum e 2 colheres (sopa) de açúcar mascavo. Ao tirá-las do forno, coloque uma colher generosa da mistura de cream cheese sobre cada uma e sirva imediatamente.

suflê de frutas vermelhas

4 porções
Preparo: **10 minutos**
Cozimento: **15 minutos**

15 g de **manteiga**
100 g de **açúcar**
50 g de **amora**
200 g de **framboesa**
4 **claras**
açúcar de confeiteiro, para polvilhar (opcional)

Unte com manteiga quatro ramequins de 200 ml e polvilhe o açúcar, cobrindo uniformemente. Retire o excesso dando leves batidas e acomode os ramequins sobre uma assadeira.

Bata as amoras e as framboesas no processador, reservando algumas inteiras para decorar. Coloque o purê de frutas em uma tigela.

Bata as claras em neve. Aos poucos, vá incorporando o açúcar. Continue batendo, até obter consistência firme e aspecto brilhante.

Agregue cuidadosamente as claras em neve ao purê de frutas vermelhas. Coloque uma boa colherada da mistura em cada ramequim. Leve ao forno preaquecido em temperatura média (190°C) por 15 minutos, ou até crescer e dourar.

Polvilhe o açúcar de confeiteiro sobre os suflês e decore com as frutas reservadas. Sirva imediatamente, com creme inglês ou sorvete, se desejar.

Para fazer o creme inglês. Aqueça 300 ml de leite em uma panela, mas sem deixar ferver. Enquanto isso, em um recipiente, bata 2 gemas com 1 colher (sopa) de açúcar e algumas gotas de extrato de baunilha. Incorpore o leite, mexendo sempre. Recoloque a mistura na panela e aqueça em fogo baixo, mexendo constantemente, até o creme encorpar o suficiente para cobrir a parte de trás da colher. Sirva imediatamente, com os suflês.

cheesecake de morango

4 porções
Preparo: **15 minutos**, mais o tempo para resfriar
Cozimento: **5 minutos**

25 g de **manteiga**
5 **biscoitos de maisena**
175 g de **morango**
2 colheres (sopa) de **açúcar**
250 g de **cream cheese**
4 colheres (sopa) de **creme de leite fresco**
4 colheres (sopa) de **açúcar de confeiteiro**
raspas e suco de 1 **limão**

Derreta a manteiga em uma panela pequena, despeje--a no processador com os biscoitos e triture. Divida essa massa entre quatro taças e pressione para formar uma base compacta. Leve à geladeira.

Coloque os morangos e o açúcar em uma panela e cozinhe, mexendo, por 2-3 minutos. Deixe esfriar. Em uma tigela, misture o cream cheese, o creme de leite, o açúcar de confeiteiro, o suco e as raspas de limão.

Encha as taças com a mistura de cream cheese e finalize com os morangos. Leve à geladeira por 2-3 horas antes de servir.

Variação: cheesecake de framboesa e biscoito de gengibre. Siga os passos da receita acima, substituindo os biscoitos de maisena por biscoitos tipo biju sabor gengibre (encontrados em lojas de produtos orientais ou atacados de doces), os morangos por framboesas e o cream cheese por iogurte natural. Salpique cada taça com 1 colher (chá) de gengibre fresco picado.

cookie de nozes e chocolate branco

25 unidades
Preparo: **15 minutos**, mais o tempo para esfriar
Cozimento: **12-15 minutos**

1 **ovo**
2 colheres (sopa) de **açúcar**
150 g de **açúcar mascavo**
1 colher (chá) de **extrato de baunilha**
125 ml de **óleo**
65 g de **farinha de trigo**
3 colheres (sopa) de **farinha de trigo com fermento**
¼ da colher (chá) de **canela em pó**
25 g de **coco em flocos**
175 g de **nozes** torradas e picadas
125 g de **gotas de chocolate branco**

Unte duas assadeiras e forre com papel-manteiga. Em uma tigela, bata o ovo, o açúcar e o açúcar mascavo até formar um creme. Junte o extrato de baunilha e o óleo. Adicione os dois tipos de farinha e a canela; acrescente o coco, as nozes e as gotas de chocolate e misture bem com uma colher de madeira.

Molde biscoitos uniformes com o auxílio de uma colher (sopa). Coloque-os sobre o papel-manteiga, pressionando com os dedos para ficarem bem compactos. Leve ao forno preaquecido em temperatura média (180°C) por 12-15 minutos, ou até dourarem. Mantenha um pouco na assadeira e depois transfira os cookies para uma grade, para terminarem de esfriar.

Variação: cookie de avelã e chocolate meio amargo. Siga as instruções da receita acima, substituindo a canela por ½ colher (chá) de gengibre em pó, as nozes por avelãs torradas e picadas e as gotas de chocolate branco por gotas de chocolate meio amargo.

potinho de figo e mel

4 porções
Preparo: **10 minutos**, mais o tempo para resfriar

6 **figos frescos maduros** e cortados em fatias finas, mais 2 **figos** cortados em gomos, para decorar (opcional)
450 ml de **iogurte grego** ou **natural**
4 colheres (sopa) de **mel**
2 colheres (sopa) de **pistache** picado

Acomode as fatias de figo no fundo de quatro taças ou tigelas de vidro. Cubra com o iogurte e leve à geladeira por 10-15 minutos.

Regue cada potinho com 1 colher (sopa) de mel e, por último, salpique o pistache. Decore com os gomos de figo, se desejar, e sirva.

Variação: figo grelhado com mel. Aqueça uma chapa e grelhe 8 figos frescos maduros inteiros por 8 minutos, virando de vez em quando, até a parte externa ficar tostada. Retire, corte os figos ao meio e distribua em quatro pratos. Despeje sobre eles uma colher (sopa) cheia de iogurte grego e regue com um fio de mel.

crumble de ruibarbo

4 porções
Preparo: **10 minutos**
Cozimento: **20-25 minutos**

400 g de **ruibarbo*** ou **maçã** em pedaços
6 colheres (sopa) de **açúcar**
raspas e suco de **1 laranja**
100 g de **aveia**
6 colheres (sopa) de **creme de leite fresco**
2 colheres (sopa) de **açúcar mascavo**

* O ruibarbo ainda é pouco usual no Brasil, mas há algumas feiras de produtos orgânicos e empórios que já o disponibilizam. Se o encontrar, prepare compotas, que podem ser usadas para rechear tortinhas ou acompanhar sorvete e panquequinhas.

Misture o ruibarbo, o açúcar, as raspas de laranja e metade do suco. Coloque a mistura em quatro ramequins.

Agregue, em outra tigela, a aveia, o creme de leite, o açúcar mascavo e o restante do suco de laranja. Acrescente uma colher (sopa) cheia desse creme ao ruibarbo nos ramequins.

Acomode os ramequins em uma assadeira e leve ao forno preaquecido em temperatura média (180°C) por 20-25 minutos, até dourar. Sirva quente.

Variação: crumble de maçã e amora. Pique 2 maçãs descascadas e sem miolo e misture com 100 g de amora, 6 colheres (sopa) de açúcar mascavo e 1 colher (sopa) de suco de maçã. Coloque nos ramequins, como indicado acima. Peneire 125 g de farinha de trigo em uma tigela; acrescente 50 g de manteiga e amasse com os dedos até formar uma farofa. Adicione 50 g de açúcar mascavo, 25 g de flocos de trigo integral e 50 g de oleaginosas diversas (nozes, castanhas, amêndoa, pistache, avelã). Coloque esse preparado sobre as frutas e use a parte de trás de uma colher para nivelar. Asse como indicado acima, até ficar levemente dourado.

cookie com gotas de chocolate

16 unidades
Preparo: **10 minutos**, mais o tempo para esfriar
Cozimento: **15 minutos**

125 g de **manteiga sem sal** cortada em cubos e em temperatura ambiente
175 g de **açúcar mascavo**
1 colher (chá) de **extrato de baunilha**
1 **ovo** batido
1 colher (sopa) de **leite**
200 g de **farinha de trigo**
1 colher (chá) de **fermento em pó**
250 g de **gotas de chocolate meio amargo**

Forre uma assadeira com papel-manteiga. Em uma tigela, bata a manteiga e o açúcar, até obter um creme leve e fofo. Misture o extrato de baunilha e incorpore o ovo, batendo bem. Acrescente o leite.

Peneire, em recipiente separado, a farinha e o fermento e junte ao creme de manteiga e ovo. Adicione as gotas de chocolate.

Disponha na assadeira preparada colheradas cheias de massa para formar cookies do mesmo tamanho. Procure deixar 3,5 cm entre os biscoitos. Pressione-os levemente com um garfo enfarinhado. Leve ao forno preaquecido em temperatura média (180°C) por 15 minutos, ou até ficarem dourados. Coloque os cookies sobre uma grade para esfriar.

Variação: delícia gelada de chocolate e tangerina. Pique 300 g de gomos de tangerina, reservando alguns gomos inteiros para decorar. Em uma tigela, bata 300 ml de creme de leite fresco e 25 g de açúcar de confeiteiro até obter o ponto de chantili. Acrescente os gomos de tangerina picados. Separe metade do creme e guarde na geladeira. Com a outra metade, intercale os dezesseis cookies com camadas de creme, de modo a formar uma torre. Com cuidado, deite-a sobre papel-alumínio e envolva-a totalmente com ele. Leve à geladeira por 2-3 horas ou até o dia seguinte. Imediatamente antes de servir, coloque a torre deitada sobre um prato, cubra com o creme restante e decore com os gomos de tangerina reservados. Sirva em fatias cortadas na diagonal.

tortinha folhada de banana

4 porções
Preparo: **10 minutos**
Cozimento: **15-20 minutos**

3 **bananas**
375 g de **massa folhada pronta** (descongelada, se for o caso)
1 **ovo** batido
3 colheres (sopa) de **açúcar demerara**
30 ml de **chantili** (opcional)

Corte as bananas em rodelas. Abra a massa em um quadrado de 20 cm e corte-a em quartos. Coloque os quadrados em uma assadeira e acomode as rodelas de banana sobre a massa, deixando uma borda de 1 cm. Pincele a borda com o ovo batido e polvilhe açúcar sobre as bananas.

Leve ao forno preaquecido em temperatura média-alta (200°C) por 15-20 minutos, ou até a massa crescer e ficar dourada e as bananas caramelizarem. Sirva as tortinhas quentes com chantili.

Acompanhamento: creme de canela e licor de café, como alternativa para o chantili. Em uma tigela, bata 200 ml de creme de leite fresco até o ponto de chantili e então misture 2 colheres (chá) de canela em pó e 2 colheres (sopa) de licor de café.

torta de chocolate com tâmara

4 porções
Preparo: **10 minutos**, mais o tempo para esfriar
Cozimento: **30 minutos**

100 g de **amêndoa em lâminas**
125 g de **chocolate amargo** picado grosseiramente
125 g de **tâmara seca** sem caroço
3 **claras**
125 g de **açúcar**, mais 2 colheres (sopa) para a cobertura
125 g de **preparado para chantili**
cacau em pó, para polvilhar

Unte uma fôrma de 23 cm com fundo removível e forre com papel-manteiga. Triture as amêndoas e o chocolate no processador. Pique as tâmaras com uma faca.

Bata as claras em neve. Aos poucos, adicione os 125 g de açúcar e continue batendo até dissolver. Incorpore as claras às amêndoas trituradas com o chocolate e, por último, acrescente as tâmaras. Despeje a massa na fôrma preparada e nivele a superfície.

Leve ao forno preaquecido em temperatura média (180°C) por 30 minutos, ou até ficar firme e começar a desprender das laterais. Deixe esfriar e então desenforme com cuidado.

Bata o preparado para chantili e as 2 colheres restantes de açúcar até obter o ponto. Usando uma espátula, espalhe o creme sobre a torta. Sirva em fatias finas e polvilhado de cacau.

Variação: muffin de chocolate com amêndoa. Coloque a mistura de chocolate em uma fôrma para muffins com doze cavidades forradas com forminhas de papel e leve ao forno preaquecido em temperatura média (180°C) por 20-25 minutos. Deixe esfriar. Derreta em banho-maria 75 g de chocolate amargo picado com 40 g de manteiga. Enquanto isso, torre 4 colheres (sopa) de amêndoa em lâminas em uma frigideira sem óleo, mexendo sempre, até ficar dourada. Despeje a cobertura de chocolate sobre os muffins e salpique as amêndoas torradas.

madeleine

14 unidades
Preparo: **15 minutos**, mais o tempo para esfriar
Cozimento: **12 minutos**

3 **ovos**
100 g de **açúcar**
150 g de **farinha**
100 g de **manteiga sem sal** em temperatura ambiente
raspas de 1 **limão-siciliano**
raspas de 1 **laranja**

* Vinho espanhol licoroso e adocicado. Pode ser encontrado a preços melhores em atacados de bebidas ou sites de venda.

Unte e enfarinhe uma fôrma para madeleine.

Bata os ovos e o açúcar em uma tigela, até formar um creme claro e levemente encorpado. Peneire a farinha e incorpore aos poucos a esse creme. Junte a manteiga e as raspas de limão-siciliano e de laranja. Coloque nas cavidades da fôrma, deixando um pouco de espaço para crescer.

Leve ao forno preaquecido em temperatura média-alta (200°C) por 12 minutos, ou até as madeleines dourarem e ficarem macias ao toque. Desenforme-as e deixe esfriar sobre uma grade.

Variação: pavê de frutas vermelhas ao xerez*. Forre a base de uma tigela para sobremesa com as madeleines e regue com 2-3 colheres (sopa) de xerez. Cubra com 300 g de mix de frutas vermelhas e 200 ml de creme inglês (p. 206). Bata 200 g de creme de leite fresco até o ponto de chantili e despeje sobre as frutas com creme inglês. Cubra e leve à geladeira por 2-3 horas antes de servir.

creme de coco com crocante de amêndoa

4 porções
Preparo: **15 minutos**, mais o tempo para esfriar
Cozimento: cerca de **10 minutos**

100 g de **açúcar cristal**
50 g de **amêndoa em lâminas** torrada

Para o creme de coco
200 ml de **leite de coco**
300 ml de **creme de leite fresco**
15 **bagas de cardamomo** levemente trituradas
2 colheres (sopa) de **açúcar**

Coloque o açúcar cristal e as amêndoas em uma panela sobre fogo baixo, para preparar o crocante. Enquanto o açúcar derrete, unte uma assadeira. Quando o açúcar estiver bem dourado, despeje a mistura na assadeira e deixe esfriar.

Coloque o leite de coco e o creme de leite fresco em uma tigela grande. Acrescente as bagas de cardamomo e o açúcar e bata um pouco, só até formar picos suaves.

Despeje o creme de coco em quatro taças e leve à geladeira. Enquanto isso, quebre o crocante de amêndoa em pedaços irregulares. Quando estiver pronto para servir, decore as taças com os pedaços de crocante e sirva o restante separadamente.

Variação: creme de limão-siciliano. Em uma tigela, coloque as raspas e o suco de 1 limão-siciliano, 125 ml de vinho branco e 40 g de açúcar. Cubra e deixe descansar por cerca de 1 hora. Bata 300 ml de creme de leite fresco até formar picos suaves; aos poucos, acrescente a mistura de vinho e continue batendo até encorpar bem. À parte, bata 1 clara em neve, acrescente 40 g de açúcar e continue batendo. Com cuidado, incorpore ao creme e então distribua em quatro taças. Sirva gelado.

biscoito de limão

18-20 unidades
Preparo: **15 minutos**, mais o tempo para esfriar
Cozimento: **15-20 minutos**

- 125 g de **manteiga sem sal** em temperatura ambiente cortada em cubos
- 125 g de **açúcar**
- 2 **gemas**
- 2 colheres (chá) de raspas de **limão-siciliano**
- 150 g de **farinha de trigo**
- 100 g de **farinha de aveia**
- **açafrão**, para decorar (opcional)
- **açúcar de confeiteiro**, para polvilhar

Forre uma assadeira com papel-manteiga. Em uma tigela, bata a manteiga e o açúcar, até obter um creme claro e leve. Misture as gemas, as raspas de limão-siciliano, a farinha de trigo e a farinha de aveia, até formar uma massa suave.

Abra a massa sobre uma superfície enfarinhada, até ficar com 1 cm de espessura. Usando um cortador de 6 cm de diâmetro, corte a massa em círculos, juntando as sobras e voltando a abri-la. Transfira para a assadeira preparada e, se desejar, polvilhe o açafrão. Leve ao forno preaquecido em temperatura baixa (160°C) por 15-20 minutos, ou até os biscoitos começarem a dourar. Retire, deixe esfriar sobre uma grade e então polvilhe açúcar de confeiteiro.

Variação: cheesecake de limão. Triture 10 dos biscoitos de limão e coloque-os na base de quatro taças ou tigelas de sobremesa. Bata 300 g de cream cheese com as raspas e o suco de 1 limão-siciliano, 150 g de açúcar e 150 ml de creme de leite fresco. Despeje essa mistura nas taças preparadas e leve à geladeira por 1-2 horas antes de servir.

musse de limão e laranja

4 porções
Preparo: **15 minutos**, mais o tempo para gelar

300 ml de **creme de leite fresco**
raspas e suco de 1 **limão-siciliano**, mais algumas tiras bem finas da casca, para decorar
raspas e suco de ½ **laranja**, mais algumas tiras bem finas da casca, para decorar
65 g de **açúcar**
2 **claras**

Bata o creme de leite, as raspas de limão e de laranja e o açúcar até a mistura começar a encorpar. Acrescente os sucos do limão e da laranja e bata novamente, até espessar.

Bata as claras em neve em outra tigela e então incorpore ao creme com os cítricos. Despeje a musse em quatro taças e leve à geladeira. Decore com tirinhas de casca de limão e de laranja.

Variação: musse de framboesa. Em um processador, faça um purê com 200 g de framboesa; depois passe por uma peneira de malha fina. Bata o creme de leite e o açúcar em uma tigela grande, conforme indicado acima, até a mistura começar a encorpar. Incorpore o purê de framboesa e bata novamente, até ficar espesso. Prossiga com a receita conforme detalhado acima, mas decore com framboesas inteiras e lascas de chocolate amargo.

creme de manga e maracujá

4 porções
Preparo: **15 minutos**, mais o tempo para gelar

2 **mangas maduras**, uma em fatias e a outra em cubinhos
1 colher (chá) de **hortelã** picada
suco de ½ **limão**
250 ml de **creme de leite fresco**
250 ml de **iogurte grego**
2 **maracujás**

Misture cubinhos de manga com a hortelã. Divida quase metade da manga entre quatro tigelas pequenas, reservando um pouco para a cobertura.

Bata a manga em fatias e o suco de limão no processador.

Bata o creme de leite, em uma tigela, só até começar a ficar no ponto de chantili, e então adicione o iogurte. Misture com cuidado ao purê de manga até adquirir uma aparência marmorizada.

Divida o creme entre as quatro tigelas e cubra com os cubos de manga reservados para a cobertura. Corte os maracujás ao meio e coloque as sementes de cada metade sobre cada taça de sobremesa. Leve à geladeira até o momento de servir.

Variação: creme marmorizado de pêssego e amaretto. Substitua a manga por 400 g de pêssego em calda escorrido e cortado em cubos; misture com 2 colheres (sopa) de amêndoa em lâminas torrada e divida em quatro tigelas. Siga a receita acima até a última etapa; então, em vez do maracujá, finalize cada sobremesa com um biscoito de amaretto esfarelado.

suflê de chocolate

4 porções
Preparo: **12 minutos**
Cozimento: cerca de **15 minutos**

200 g de **chocolate amargo picado**
150 g de **manteiga** em temperatura ambiente e cortada em cubos
6 **ovos**
175 g de **açúcar**
125 g de **farinha**
açúcar de confeiteiro, para polvilhar

Unte quatro ramequins de 200 ml. Derreta o chocolate com a manteiga em banho-maria.

Bata os ovos e o açúcar até obter um creme claro e leve. Peneire a farinha e acrescente a esse creme. Incorpore o chocolate derretido.

Divida a massa do suflê entre os ramequins untados. Leve ao forno preaquecido em temperatura média (180°C) por 8-12 minutos. Os suflês devem crescer e formar uma crosta firme, mas continuar cremosos no centro. Sirva imediatamente, polvilhando açúcar de confeiteiro. Acompanhe com creme inglês (p. 206) ou sorvete de baunilha.

Para fazer o sorvete de baunilha. Em um recipiente refratário, misture 1 ovo inteiro, 1 gema e 40 g de açúcar. Aqueça 250 ml de creme de leite fresco em fogo baixo, até o ponto de fervura; despeje sobre a mistura de ovos, mexendo com vigor. Coe e acrescente 1-2 gotas de extrato de baunilha. Deixe esfriar e adicione 150 ml de chantili. Despeje em um recipiente hermético que possa ir ao freezer. Tampe e leve para gelar. Retire depois de 1 hora e mexa bem; então retorne ao freezer até o sorvete ficar firme. Transfira para a geladeira 20 minutos antes de servir.

cestinha de pêssego e framboesa

4 porções
Preparo: **15 minutos**
Cozimento: **8-10 minutos**, mais o tempo para esfriar

15 g de **manteiga** derretida
4 **lâminas quadradas de massa filo** com cerca de 25 cm de lado cada uma
125 ml de **creme de leite fresco**
1 colher (sopa) de **açúcar mascavo**
2 **pêssegos** frescos descascados e cortados em cubos
50 g de **framboesa**
açúcar de confeiteiro, para polvilhar

Pincele quatro fôrmas individuais com a manteiga derretida. Corte cada uma das lâminas de massa filo em quatro quadrados iguais. Use quatro quadrados para forrar cada fôrma, sobrepondo-os em ângulos desencontrados, pressionando bem e acomodando a massa com cuidado.

Leve ao forno preaquecido em temperatura média (190°C) por 8-10 minutos, ou até dourar. Com cuidado, retire as cestinhas das fôrmas e deixe esfriar sobre uma grade.

Bata o creme de leite e o açúcar mascavo até encorpar. Recheie as cestinhas com o creme batido e cubra com os pêssegos e as framboesas. Polvilhe o açúcar de confeiteiro e sirva imediatamente.

Variação: tortinha de morango e mirtilo. Unte quatro fôrmas individuais como indicado acima. Corte quatro círculos de massa podre em tamanho suficiente para forrar as fôrmas. Com um garfo, faça furos em toda a base. Leve ao forno preaquecido em temperatura média (190°C) por 15 minutos, ou até dourar. Com cuidado, retire das fôrmas e deixe esfriar sobre uma grade. Bata o creme de leite fresco com 1 colher (sopa) de açúcar de confeiteiro e recheie as tortinhas. Cubra com 50 g de morango fatiado e 50 g de mirtilo. Polvilhe o açúcar de confeiteiro e sirva imediatamente.

índice

créditos

Editor executivo: Nicola Hill
Editora: Ruth Wiseall
Editora executiva de arte: Leigh Jones
Designer: Jo Tapper
Fotógrafo: Stephen Conroy
Consultor culinário: Sunil Vijayakea
Produção de objetos: Liz Hippisley
Gerente de produção: Carolin Stransky

Fotografia especial: © Octopus Publishing Group Limited/Stephen Conroy
Outras fotos: © Octopus Publishing Group Limited/Frank Adam 57, 127; /Neil Mersh 18, 24, 30, 44, 61, 73, 77, 79, 85, 103, 109, 131, 139, 142, 171, 174, 179 182, 189, 196, 203, 207, 213, 225, 235; /William Reavell 97; /Gareth Sambridge 135.